FORMAÇÃO DE SCALPERS

Realizando operações rápidas
na bolsa de valores

Lerbius Mark

Copyright © 2021 Lerbius Mark

All rights reserved

The characters and events portrayed in this book are fictitious. Any similarity to real persons, living or dead, is coincidental and not intended by the author.

No part of this book may be reproduced, or stored in a retrieval system, or transmitted in any form or by any means, electronic, mechanical, photocopying, recording, or otherwise, without express written permission of the publisher.

ISBN-13: 9798738874871
ISBN-10: 1477123456

Cover design by: Art Painter
Library of Congress Control Number: 2018675309
Printed in the United States of America

Dedicado a todos os operadores do mercado de capitais.

O QUE É SCALPING

Scalping é a arte de realizar operações curtas, com alvo pré-definido, onde você entra e sai rapidamente das operações.

O mercado precisa estar volátil, seja para cima ou para baixo. Precisa ser um momento de euforia ou um momento de medo. Fica mais fácil operar. É só nesses momentos que o scalper age.

Você vai posicionar o Stop Loss e o Stop Gain (também conhecido como TP ou "Take Profit") para que você proteja a sua matéria prima (capital) e garanta que não vá devolver o lucro ao mercado se a cotação voltar e você não pegar seu ganho.

É um processo cirúrgico. Você não vai abrir uma operação simplesmente por abrir. Há uma análise técnica multigráfica a ser realizada para que não seja um completo casino.

É claro que não posso deixar de dizer que o mercado é sim em parte um casino. Afinal, se não fosse, seria uma fábrica de criar milionários. Já haveria robôs espalhados por todo o mundo realizando as melhores operações e pegando seu dinheiro.

A análise técnica existe para reduzir essa "roleta". A ideia é você entrar em operações que tenham 70% ou mais de chance de dar certo. Essa é a jogada que você deve ter em mente.

Entrar numa operação com 30% de chance de sucesso é o que você não quer fazer, e não fará jamais. Ou nunca mais.

QUALQUER UM PODE SER SCALPER?

Um Scalper precisa possuir bastante disciplina.

É necessário que seja estrategista, que queira de fato administrar as suas operações, e que tenha emocional para isso.

Se você não gosta de posicionar stop loss, se não gosta de posicionar stop gain, não deseja ficar acompanhando a cotação do ativo atentamente após entrar na operação, então você não tem perfil para ser um scalper.

O scalper é o escovador de velas. Precisa avaliar o gráfico e um pouco do fluxo para que suas operações tenham a assertividade necessária para buscar a tão sonhada consistência.

Tal operador não precisa sequer ler jornais. Só precisa saber de eventos que possam gerar volatilidade extrema e aguardar eles acontecerem para operar.

Resumindo, o scalper embora faça poucas operações no dia, precisa ficar focado no gráfico pois muitas vezes as oportunidades vão surgir ao longo do dia, e você pode acabar não as aproveitando se não estiver atento.

Além disso, precisa ter disponibilidade para operar nos horários de mais volatilidade do mercado, que são na primeira hora de negociação e na última hora de negociação. Esses momentos são essenciais.

No mínimo o scalper precisa estar operando nessas duas ocasiões.

POR QUE FAZER SCALP?

A resposta é simples: Para diversificar seus investimentos!

Imagine um investidor que aloca 100% do seu capital em Position.

Após uma queda grande do mercado, suas posições vão se desvalorizar imensamente e o investidor passará meses vendo seu dinheiro corroído, enquanto outros estarão aproveitando a queda e fazendo dinheiro.

É certo fazer apenas Scalp? Igualmente não!

O segredo do sucesso é o equilíbrio, e é ele que você deve buscar.

O capital que você aloca em qualquer prática de Day Trade é o capital de risco.

É aquele capital que você vai utilizar para gerar mais capital na base da especulação.

Você é um investidor no longo prazo, mas como Scalper, você é especulador.

Além disso, você pode montar uma posição de Swing Trade ou Position, e paralelamente operar realizando scalps em ativos correlatos, buscando otimizar seus ganhos nos dias em que os seus ativos de posição deem uma retraída nos preços.

CONTROLE DE RISCO E SEPARAÇÃO DE CONTAS

A primeira coisa que você deve fazer antes de realizar qualquer operação Day Trade é separar as suas contas.

Uma conta, serão dos seus Investimentos (ações que pagam dividendos, empresas de crescimento etc.).

Em outra conta, de preferência em outra corretora, você terá o seu capital de risco, e de preferência com corretagem gratuita.

Você vai estabelecer o seu risco máximo por exemplo diário ou semanal.

Você vai por exemplo pegar $ 50,00 e alocar na sua corretora de risco, a que você escolheu para fazer o Scalping. Esse é o valor do seu risco. É o valor que você vai utilizar para operar.

O que acontece se você misturar o seu capital de reserva com capital de day trade?

A corretora irá te conceder margem com base nesse capital, e aí você corre o enorme risco de acabar se alavancando em uma prática que não deveria.

> *Não esqueça, a corretora é uma instituição financeira. Ela ganha dinheiro com a sua necessidade por capital. Não alavanque.*

E o mais importante, não opere no mercado real antes de utilizar simulador. É a forma mais fácil de perder dinheiro.

É como aprender a andar de bicicletas já sem as rodinhas. Vai se ralar todo, enquanto poderia ter treinado antes o seu equilíbrio.

DEFINIDO O VALOR PARA CADA TRADE

Para definir o montante do capital que você utilizará nos trades basta pegar o seu capital que alocou na corretora por mês, por exemplo, você separou $ 50,00 para realizar scalping na corretora.

Digamos que você irá operar durante apenas 10 pregões no mês, então dá o valor de $ 5,00 por dia para operações.

Você definiu que fará 4 trades por dia, no máximo. Então, seus stop loss devem ser de no máximo $ 1,25 e assim você terá um bom controle de suas operações e de seu dinheiro.

O seu objetivo inicial não será ficar rico e sim tentar finalizar o mês com os seus $ 50,00 ou mais na conta! É isso que você precisa ter em mente.

Você vai se esforçar para isso. Vai tentar mais é claro. Não vai jogar pelo empate. Mas precisa saber que você ainda está construindo sua experiência. Um passo curto é um bom começo.

Outra coisa primordial, você precisa ter Stop Loss e Stop Gain!

Não pode operar sem um alvo (ganho) definido. É jogar dinheiro fora. Você vai devolver tudo pois você é um Scalper. Operações rápidas. Pega seu lucro e sai.

TUDO ESTÁ EMBUTIDO NOS PREÇOS

A primeira coisa que um Scalper deve saber é de que o gráfico já traz todo o efeito de notícias e de eventos marcantes.

É claro, com exceção de catástrofes que se chamam "eventos de cauda", ou seja, uma grande explosão na casa branca, aviões atingindo edifícios etc.

Mesmo nesses casos, o Scalper está protegido pelo stop loss, e em seguida verá o mercado retrocedendo bastante e rapidamente. Mas ele já saiu da operação, enquanto os investidores de longo prazo e até os de Swing Trade (operação que dura certa de 3 dias) sofrerão mais.

A pandemia do coronavírus pode ter pegado pequenos investidores de surpresa, mas os gráficos já apontavam para um nível de sobre compra altíssimo em fevereiro, mesmo com o nível de risco em patamares alarmantes em todo o mundo.

Os investidores institucionais já estavam saindo dos ativos. Warren Buffet por exemplo já havia desfeito suas posições em companhias aéreas.

De todo modo, você como Scalper não precisa se preocupar com nada disso. Apenas com o seu gráfico.

TENDÊNCIA

O Scalper deve estar sempre atento para a tendência do ativo que vai operar.

Em hipótese alguma você deve operar contra a tendência. É pouco rentável e muito perigoso.

É como nadar contra a maré. Você vai conseguir avançar, mas se nadasse a favor, teria mais êxito na sua empreitada.

Quando digo perigoso, não digo que uma operação será perigosa, mas sim a sequência de operações que você vai fazer é que são perigosas, pois você acabará tendo mais erros do que acertos.

Uma operação errada te dá um Stop Loss. Mas se você insistir, pode ter aí 3 ou 4 stops e é nesse momento que você deve parar de operar, seguindo o seu gerenciamento de risco.

Por que parar? Simples. Significa que você não identificou a tendência corretamente. É como um texto que você mesmo escreveu e relê várias vezes para encontrar um erro. Você não vai encontrar, está "viciado". Então, melhor fechar o livro e abrir depois de descansar.

Dito isso, temos que a tendência pode ser de ALTA ou de BAIXA.

Se está em tendência de alta, é porque o mercado entende que o ativo está barato e pode subir.

Se está em tendência de baixa, o mercado considera que o ativo está caro, e por isso é bem mais provável que ocorram vendas do que compras nesse ativo.

A tendência é formada pelos grandes players e pelo fluxo de capital estrangeiro que entra na bolsa, e mais precisamente no ativo em si.

Afinal, quando o mundo todo está animado para comprar um certo ativo, isso indica um volume muito maior de movimentação.

Mas a tendência também é influenciada pela memória de preços. Isso porque se eu sei que um ativo estava cotado a $40,00 antes de uma grande queda generalizada, e o ativo não sofreu nada com o motivo da queda, então cria-se rapidamente uma tendência de alta, buscando chegar naquele preço memorizado pelo mercado.

Acima vemos o fluxo gerador da tendência.

O que falamos acima é justamente o que está materializado no diagrama.

Ou seja, a oferta e demanda (compradores com dinheiro em caixa e vendedores realizando seus lucros) e a memória de preços conduzem a direção, enquanto os institucionais (grandes bancos e tesourarias) e os estrangeiros (capital internacional) geram o volume.

Sempre tem tendência? Não.

É possível que naquele momento não haja tendência definida.

"Quando não há tendência, o Scalper não atua!"

Em seguida, vamos aprender a identificar a tendência do ativo, para evitar que operemos em ativos sem tendência, ou pior ainda, contra a tendência.

IDENTIFICANDO A TENDÊNCIA DO ATIVO

A tendência é basicamente caracterizada por topos e fundos ascendentes ou topos e fundos descendentes.

Vamos ver:

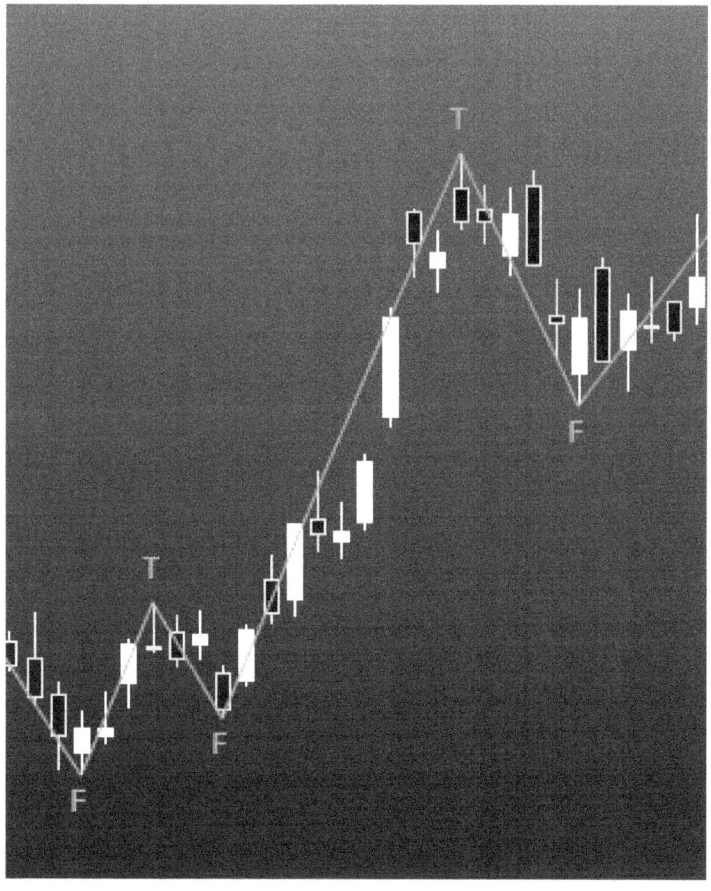

Repare que o ativo vem fazendo fundos e topos sempre mais altos.

A letra T de topo e a letra F de fundo.

Ou seja, o fundo é sempre mais alto que o fundo anterior e o topo sempre é mais alto que o topo anterior.

No caso acima, temos uma tendência de alta.

> *"A tendência dura até ser substituída"*

É claro que isso não irá durar para sempre.

Temos que ficar atentos para identificar quando tal tendência pode se alterar, para não acontecer de entrarmos em um Scalp no final de uma tendência.

É muito melhor entrar no início de uma tendência. A chance de acerto é altíssima.

Mas como defino Topos e Fundos? Como acho eles?

Eu sugiro a utilização de indicadores detectores de topos e fundos. Eles são automatizados e evitam que você tenha o trabalho visual de ir encontrando os topos.

Todo indicador desse possui a configuração de quantos períodos você deseja para caracterizar um topo ou um fundo.

Ou seja, são quantas velas serão necessárias percorrer para que o fundo seja fundo, e para que o topo seja topo.

Você deve fazer esse ajuste alterando o número de períodos e olhando para seu gráfico, visando identificar o que mais se aproxima do comportamento do ativo.

CONFIRMAÇÃO DE TENDÊNCIA

A confirmação da tendência é simples.

Caso seja uma tendência de alta, essa tendência será confirmada quando ocorrer o rompimento do último topo.

Se o preço passar acima daquele nível, está confirmada a manutenção da tendência de alta.

Nesse caso o último topo chama-se pivot, e o rompimento desse pivot irá confirmar a continuação da tendência.

> *A tendência de baixa só é confirmada quando ocorre o rompimento do fundo anterior, e a de alta só é confirmada quando ocorre o rompimento do topo anterior.*

Na situação de estarmos em tendência de baixa, a tendência será confirmada caso haja o rompimento do último fundo, ou seja, o preço do ativo deve cair abaixo do último fundo registrado no gráfico.

A confirmação da tendência é importante pois se você não estiver na operação é a sua chance de abri-la.

E se você já estiver na operação, é o momento em que você deve mover o seu stop para o último topo ou fundo, garantindo aí o seu lucro.

Afinal, se fizer um fundo mais baixo na tendência de alta, o alerta está ligado e você como Scalper não atravessa sinal amarelo. Você só vai no verde.

MUDANÇA DE TENDÊNCIA

Enquanto o ativo está fazendo topos e fundos ascendentes, ótimo. Tendência de Alta.

Podemos garantir que está em tendência de alta.

Ou se está fazendo topos e fundos descendentes, ótimo. Tendência de Baixa.

Mas em dado momento, é possível que na tendência de alta ele faça um fundo mais baixo que o anterior, ou que faça um topo mais baixo que o anterior.

E na tendência de baixa, é possível que o próximo fundo acabe sendo maior que o anterior ou que o próximo topo seja maior que o anterior, descaracterizando a tendência.

Ou seja, o ativo não conseguiu manter a tendência. Nesse momento devemos parar e prestar atenção. Não podemos operar até identificar o próximo movimento.

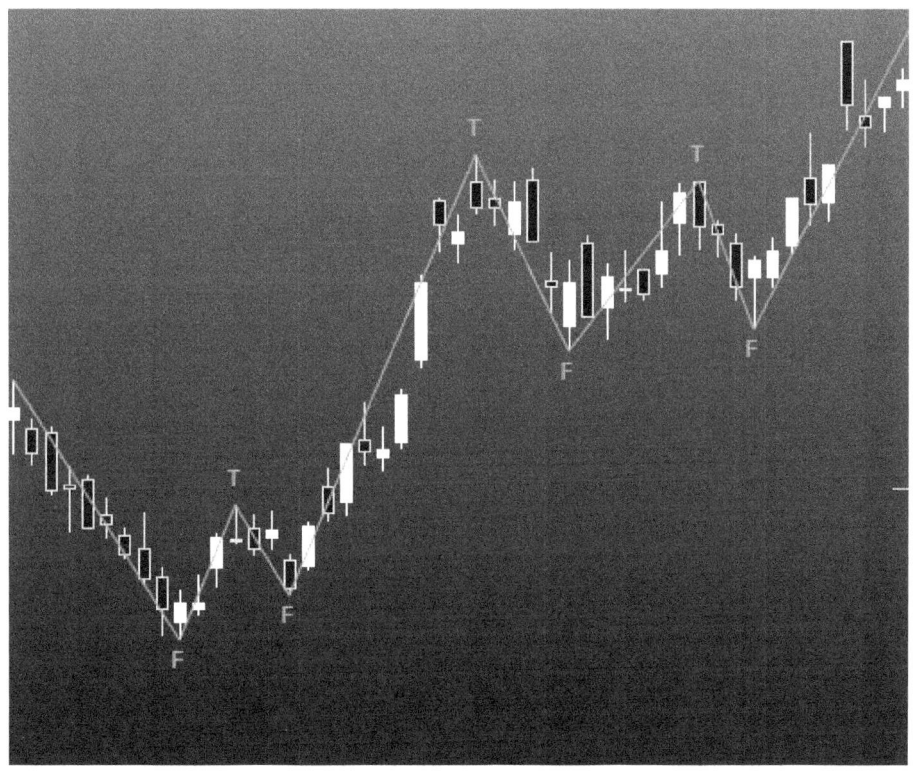

Repare que o terceiro topo está abaixo do segundo topo, gerando um sinal de alerta no Scalper.

Neste momento, você deve aguardar para ver se o fundo anterior também será "perdido".

Caso seja, o ativo perdeu a tendência de alta e possivelmente reverteu drasticamente.

Mas também é possível que faça um fundo mais alto como na figura acima. Nesse caso, o Scalper deve aguardar para ver se o último topo será "rompido", ou seja, se fará um topo acima dele.

Como vemos, o alarme foi falso e a tendência de alta se manteve forte.

TENDÊNCIA SECUNDÁRIA

A tendência secundária é a tendência de curto prazo.

No curto prazo, ou seja, em tempo gráfico menor, há um topo maior que outro e um fundo maior que o outro, porém, no gráfico maior, ou seja, na tendência primária, trata-se apenas de uma mera correção.

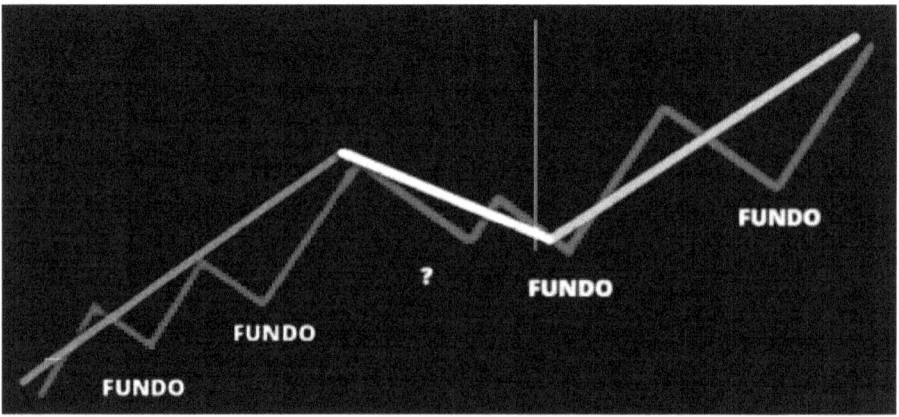

Em azul temos um gráfico com tempo 5 minutos e em branco temos um gráfico de 15 minutos.

A análise principal do Scalper sempre deve ser feita no tempo gráfico maior.

Se você operar somente o gráfico de 5 minutos você vai acabar vendendo achando que foi uma mudança de tendência, quando na verdade foi apenas uma retração no gráfico de 15 minutos.

Então, fica claro que o ideal é operar olhando sempre dois tempos gráficos, sendo um maior para ser o seu guia durante o dia e o outro para definir o ponto de entrada nas operações.

MOMENTO DE AGIR

O Scalper vai agir em dois momentos principais.

O primeiro é no teste do último topo (ou fundo se for tendência de baixa). Você pode operar tanto o rompimento quanto a inversão da tendência (caso não rompa e inverta a tendência).

O outro momento é na correção, ou seja, na retração que o ativo dá (gerando um novo fundo mais alto) e se preparando para a subida. Ou no caso da tendência de baixa, quando gera um novo topo mais baixo e então seguindo a descida conforme a tendência.

Veremos que os topos podem ser topos gráficos, topos de um canal de congestão, topo de uma bandeira, assim como os fundos.

Em qualquer caso, o scalper sempre irá tentar identificar a vela de atenção e a vela de retorno.

São essas velas que vão permitir ao scalper ativar a sua atenção em nível máximo e se preparar para abrir sua posição, seja comprada ou seja vendida.

ROMPIMENTO DO ÚLTIMO TOPO OU FUNDO (PIVOT)

Vamos analisar o primeiro momento, que é o do rompimento do último topo (no caso da tendência de alta)

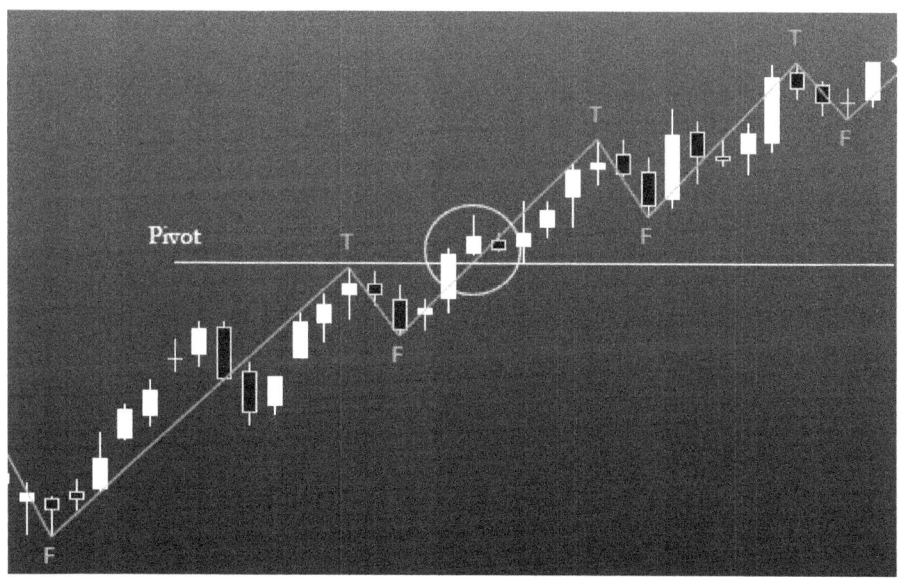

Na imagem podemos notar onde está o ponto PIVOT.

Na tendência de alta, forma-se o pivot no momento que o último topo é confirmado.

E o último topo é confirmado quando se forma o próximo fundo!

Nesse caso, você pode operar o rompimento do último topo, desde que o fundo tenha sido mais alto que o anterior, ou seja, tendência plena de alta.

Nesse caso, é bem seguro entrar na operação comprada ali no exato momento em que o preço rompe o último topo, ou seja, na área circulada.

Esse momento é chamado de "euforia". O mercado usualmente rompe o último topo com volume alto e vela grande.

Seu Stop-Loss será logo abaixo do último fundo, porque se o próximo fundo não for mais alto que este, há perigo de reversão de tendência, então você sai da operação!

CORREÇÃO OU RETRAÇÃO

Outro ótimo momento em que o Scalper inicia a operação é quando ocorre uma retração.

A retração nada mais é do que o "respiro" do mercado.

Esse respiro sempre existe, porque os especuladores que já fizeram lucro com a subida vão vender para garantir o dinheiro no bolso. Usualmente, vendas parciais.

Nas retrações o volume é sempre mais baixo do que na euforia, e isso é um critério de análise a ser seguido pelo Scalper.

Veja na Imagem:

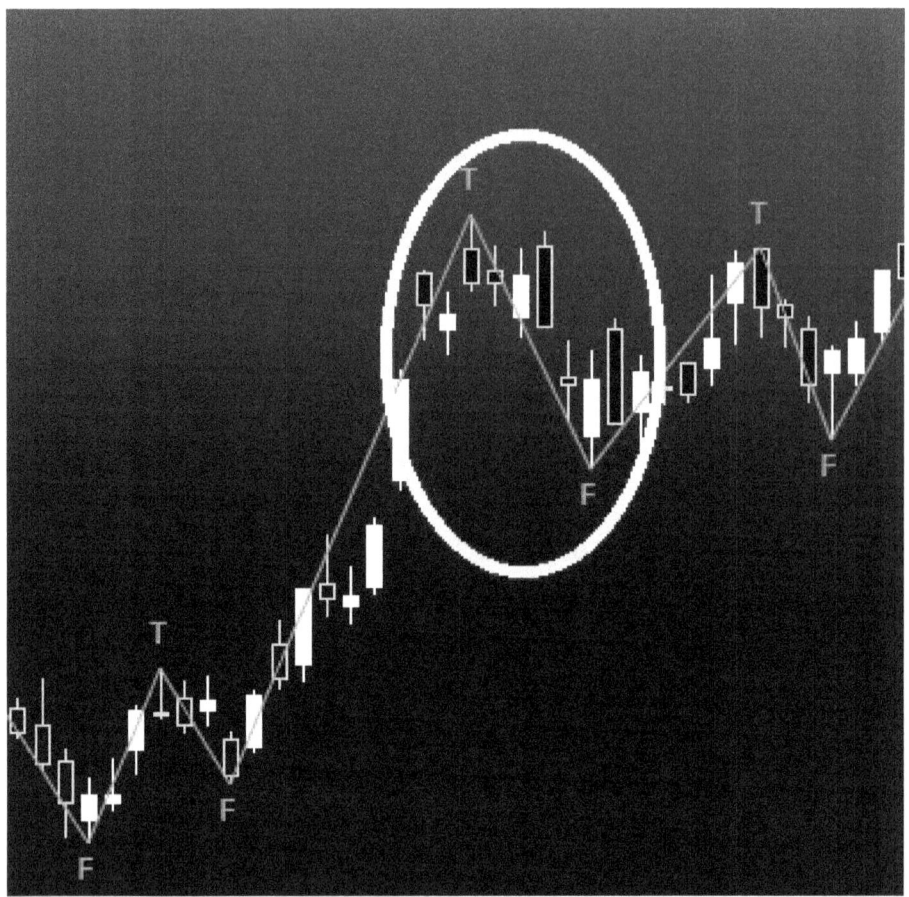

Aquele é o momento da retração circulado em amarelo.

É o respiro do mercado antes de seguir a sua tendência definida.

O Scalper vai tentar comprar ali no fundo, no final do descanso, do respiro, da retração, para pegar a próxima onda de alta.

Um alvo comum é o próximo topo. Isso porque normalmente o mercado vai testar o topo anterior. Então, ainda que ele não supere o topo, ao menos você já realizou seu lucro, nem que seja na forma parcial.

REALIZAÇÃO X MEDO

Importante o Scalper ficar atento às notícias de última hora e aos indicadores de mercado, como por exemplo, índice de emprego, payroll, estoques de petróleo etc.

Isso porque as retrações, ou seja, as pequenas correções de preço, são usualmente geradas apenas por realizações ou escassez de compradores (na alta) ou vendedores (na baixa).

Já quando há medo, o mercado costuma agir de forma mais brusca, mais agressiva.

O medo abala o emocional, contamina todo o mercado.

Se está próximo de ser anunciado o contingente atual de petróleo estocado nos EUA, você não vai operar petroleiras naquele momento. Você vai aguardar.

Porque pode acontecer uma reversão brusca de tendência por conta do medo ou da euforia.

O Scalper não quer indefinição. O Scalper age com tendência definida. Em paz.

INDICADOR DE VOLUME

Sempre que você for analisar a entrada em uma operação, o volume deve ser considerado em seu gráfico.

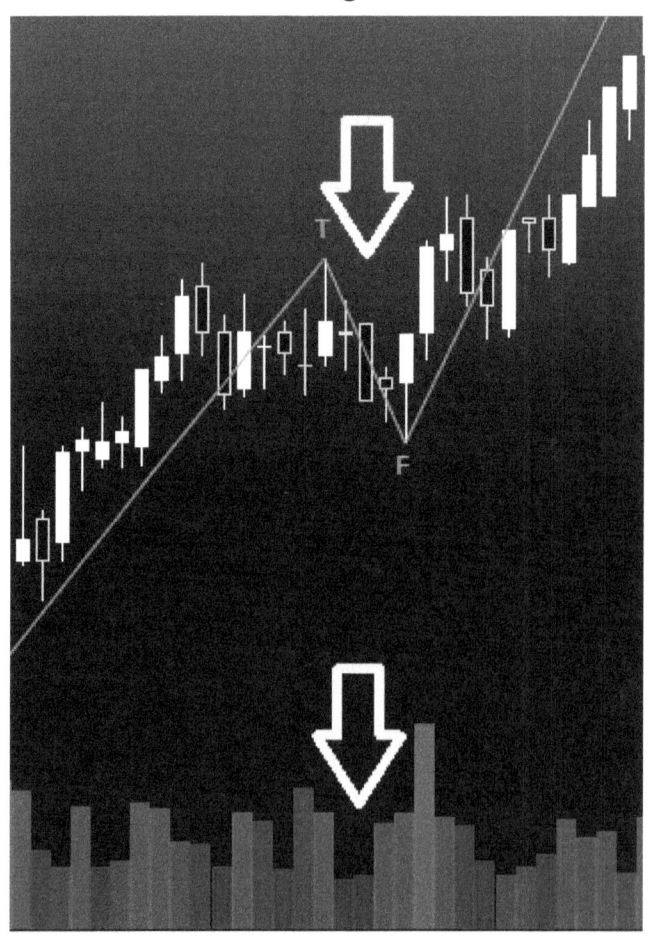

Como já falado, nas retrações o volume é reduzido em relação à euforia.

Nas setas amarelas vemos a retração e o seu volume, bem inferior às velas de subida do ativo, caracterizadores de sua tendência de alta.

O Scalper pode entrar mais tranquilo nessa operação, é um indicador de mais assertividade para o seu trade. Claro, sempre posicionando o Stop Loss.

E se aquela "retração" estivesse com volume grande, superior à média?

Nesse caso, não há abertura para realizar o scalp, devendo-se buscar outro ativo ou aguardar um sinal mais adequado, como por exemplo, o rompimento do último topo.

Afinal, se há volume de queda há medo. Difícil manter uma tendência de alta com essa configuração.

PONTO DE RETORNO DO PREÇO

Um dos temas mais importantes para o Scalper é justamente observar onde pode ser o retorno dos preços. Ou seja, um local onde há uma probabilidade razoável de reversão.

Quando há um ponto de retorno, o Scalper deve aguardar a confirmação da mudança da tendência.

Falamos acima que uma tendência de baixa ocorre quando há topos e fundos descendentes, ou seja, o topo atual é inferior ao topo anterior e o fundo atual é inferior ao fundo anterior.

Porém, no momento que isso é quebrado por um dos lados, ou seja, não faz um fundo mais baixo, temos um Ponto de Retorno.

Ou o ativo continuará caindo ou ele reverte para subir. E nesse momento a operação do Scalper é de possível compra do ativo. A operação será para cima, porque o ativo enfraqueceu seu poder de queda.

Isso é ótimo para o Scalper, pois o Stop será curto, logo abaixo do fundo anterior. Sim, abaixo do fundo. Afinal, lembre-se que se romper o fundo anterior em uma tendência de baixa, a tendência está confirmada!

Certo, mas é qualquer quantidade de velas que me permite determinar que ali é um ponto de retorno?

Não. O correto é no mínimo 3 velas anteriores fazendo fundos e topos descendentes para que você caracterize que a 4ª vela, se não fizer fundo abaixo da 3ª vela, seja um ponto de retorno.

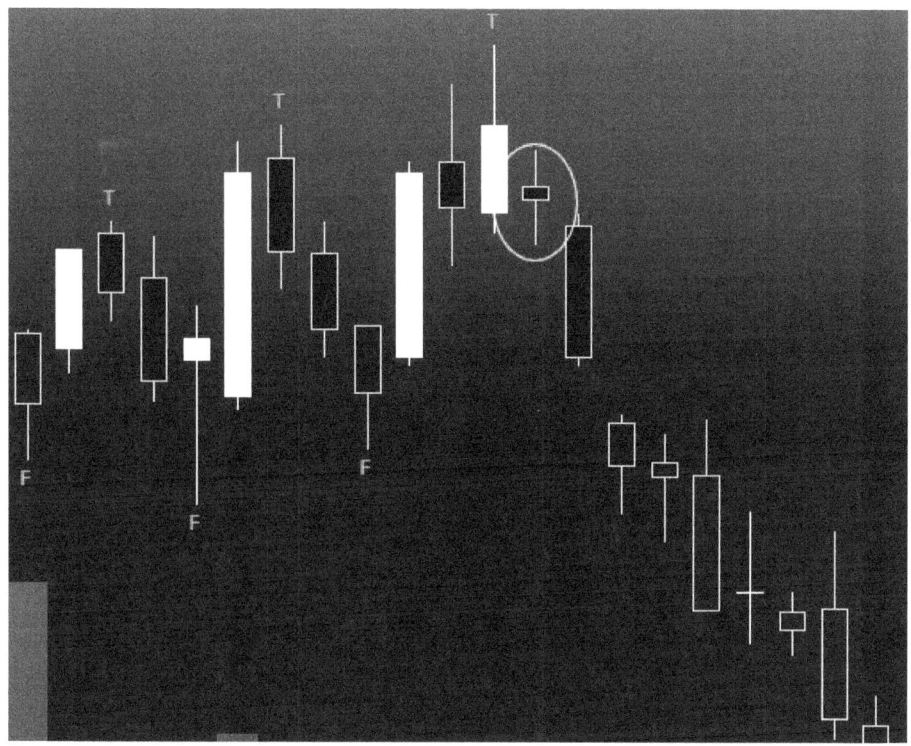

Repare na imagem que a vela de retorno está circulada em amarelo. Nela vemos a quebra da sequência de topos e fundos ascendentes. A entrada na operação será exatamente quando o último fundo, ou seja, o fundo da vela circulada, for perdido.

Ali estará confirmada a reversão da tendência.

Se a vela seguinte não conseguir fazer um topo acima da vela circulada, que é o ponto de retorno, no mínimo o mercado ficará consolidado (sem tendência). Por isso o seu stop loss é ali na máxima da vela circulada.

Na imagem vemos que o retorno foi confirmado.

Muito provável você focar só na vela circulada e vai ignorar as demais velas. Mas se você olhar atentamente, veja o segundo fundo da esquerda para a direita.

A vela seguinte reverteu tão rápido que não deu tempo de entrar na operação. A vela enorme de alta (chamada marobozu). Ela era meu ponto de retorno, mas "perdi" porque a vela foi muito grande. E aí? Como eu entraria na operação?

Simples. Você é um Scalper. Deve alterar para o gráfico menor, pois é nele que você faz o ajuste fino da sua operação. Lá certamente você teria identificado um ponto de retorno dentro dessa operação, e teria tido sucesso pelo tamanho da vela que se formou no gráfico maior!

PONTO DE ALERTA ANTES DO PONTO DE RETORNO

Há situações em que o Scalper já deve ficar atento e paralisar suas ações imediatamente para aguardar o andamento do mercado.

Vamos ver abaixo um movimento interessante dos preços em uma tendência definida que pode estar terminando.

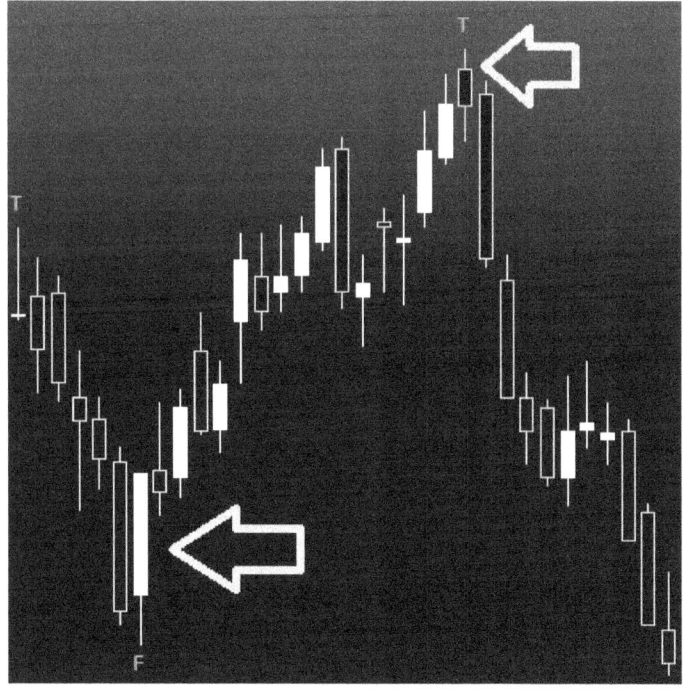

O que há nas velas indicadas nas setas?

Repare, a primeira é uma vela de alta ao final de uma sequência de baixa, e a segunda é uma vela de baixa em uma sequência de alta.

Essas velas são pontos de alerta. Não são pontos de retorno! Não é qualquer vela positiva que vai reverter uma tendência de alta, e vice-versa.

Mas repare que mesmo a vela apontada na seta após tendência de baixa ainda faz topos e fundos descendentes. Não é ponto de retorno. É ponto de atenção.

Se você for para o tempo gráfico menor, verá que naquele momento o ativo já reverteu! Já está fazendo topos e fundos maiores lá.

A próxima vela possivelmente será o ponto de retorno. A não ser que você reduza o tempo gráfico e já faça a operação após avaliar que no tempo menor, houve o retorno.

LATERALIZAÇÃO

A lateralização ocorre quando o ativo não consegue romper o fundo anterior e nem o topo anterior.

As velas ficam oscilando ali entre o topo e o fundo anterior, sem conseguir formar novos extremos.

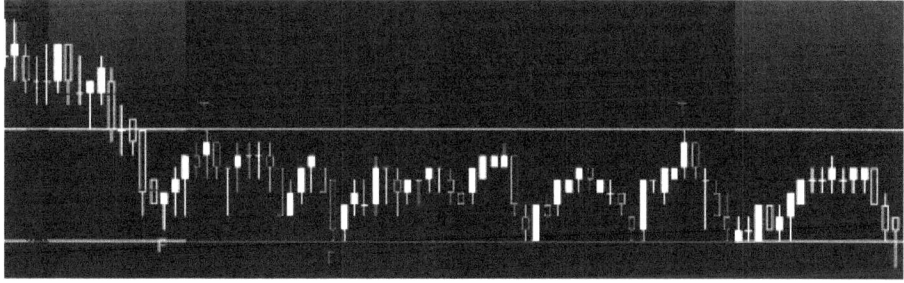

Temos na imagem a lateralização do ativo, já que não consegue romper o topo e o fundo.

Muito cuidado com esse "rompimento", pois o simples fato de passar $0,01 acima ou abaixo durante a formação da vela não indica que houve rompimento. Necessário aguardar a vela fechar. Nesse caso quanto maior o tempo gráfico, mais assertivo é o rompimento no fechamento da vela.

Nesses casos de lateralização em que o topo e o fundo anterior não são rompidos nós temos o chamado Retângulo que é uma figura gráfica.

Você como Scalper pode tentar comprar o fundo do retângulo colocando stop abaixo do último fundo, e vender no topo colocando o stop acima do último topo. Mas não é uma operação muito assertiva porque movimentos bruscos podem levá-lo a uma sequência de stops que podem abalar seu emocional.

Na imagem acima você teria sucesso, com apenas 1 stop em mais de 80 velas, lhe daria um belo lucro, mas é justo lhe dizer que nem sempre o jardim será só de flores.

Porém, imagine que a imagem acima é o tempo gráfico maior. Se você reduzir o tempo gráfico para operar, você terá aumentado muito a sua assertividade pois você já pode marcar até onde o preço pode subir, e até onde pode cair.

A partir daí, no tempo gráfico menor, você opera buscando pontos de retorno, enquanto já sabe os seus limites dentro do retângulo. (topo e fundo do gráfico maior)

Se o ponto de retorno para reverter para baixa estiver próximo do topo no gráfico maior, é um bom local para entrar na operação.

Não há nada melhor quando 2 sinais em tempos gráficos diferentes se coincidem. É o melhor momento para operar.

SUPORTE E RESISTÊNCIA

Temos como Suporte o ponto onde os compradores estão considerando o preço tão atraente que seguram o preço de cair mais.

É o momento também em que os que desejam vender a descoberto ficam receosos de abrir suas posições pois desconfiam de que o ativo pode parar de cair naquele momento.

Nesses locais há a possibilidade de gerar um ponto de retorno, que será observado pelo Scalper.

Já Resistência é a mesma coisa, porém no lado de cima.

É o local onde os comprados (os que estão posicionados no ativo) consideram que o ativo não deve subir mais, e vão optar por vender para realizar seus lucros.

Da mesma forma, os que desejam vender a descoberto planejam abrir sua posição ali pelo mesmo motivo.

Pontos de retorno criam suportes e resistências. Por exemplo, se uma ação está há meses oscilando entre $10,00 e $15,00, sempre que chegar perto de $15,00 vai ser reduzido o volume de compras e possivelmente quem comprou vai vender, pois não acredita que vai subir.

O ativo só vai vencer esses $15,00, ou seja, essa resistência, se algum player grande montar uma posição de longo prazo ali, ou seja, não se importando com essa resistência, pois acredita que o ativo é mais valioso.

Um bom exemplo é o caso da lateralização em retângulo que

vimos acima. Veja de novo esse cenário e repare na linha superior, que é o suporte, e na linha inferior, que é a resistência.

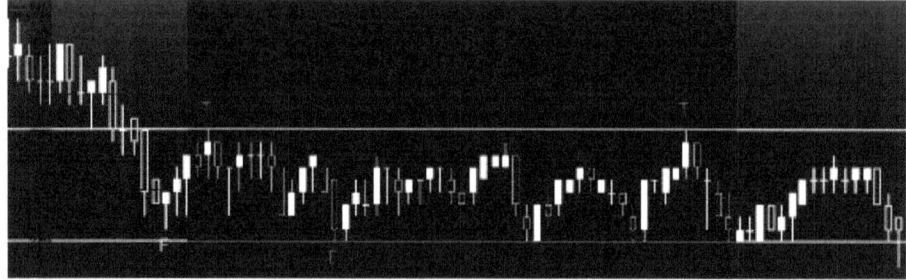

Quanto maior o tempo gráfico, mais forte é o suporte ou a resistência. Isso porque também é maior o número de negociações ali no preço, formando o consenso.

Você marca a resistência ligando os topos consecutivos, e marca os suportes ligando os fundos consecutivos.

São justamente esses pontos os ideais para entrar em operação porque o Stop é curtíssimo.

Quanto mais vezes o preço bate no suporte ou resistência e retorna, mais confiável vai ficando esse nível de preço.

Também é válido sempre marcar suportes e resistências do gráfico diário, pois investidores Swing Trade o utilizam para operar. São investidores que não costumam acompanhar o dia inteiro os preços, então normalmente vão fazer suas análises a noite, para na manhã seguinte operar.

Os suportes e as resistências são bipolares. O que isso significa?

Significa que quando a resistência é vencida, após o preço do ativo superá-lo, essa resistência automaticamente se torna um suporte. Por quê?

Simples. Imagine que naquele nível de preço os compradores achavam que não era válido comprar pois o preço possivelmente retornaria para baixo.

De repente, há uma mudança por algum fator e um grande volume entra comprando o ativo, mudando essa visão e superando o suporte. O que acontece? Agora há uma enorme quantidade de traders que estão comprados no ativo, ou seja, que não vão vender enquanto não atingirem seus lucros.

Além disso, os investidores que estavam apostando que o preço retornaria para baixo (vendidos a descoberto) vão ter seus stops acionados (inclusive você provavelmente) e com isso haverá ainda mais agressões de compra para elevar os preços.

Isso vale para o suporte igualmente. Ele se tornará uma resistência se algo ocorrer com o ativo e muitos investidores venderem seus ativos ou resolverem abrir posições a descoberto ali por algum motivo que ocorreu.

LINHAS DE TENDÊNCIA

Há uma outra forma de marcar suportes e resistências, que são através das LTA (Linha de Tendência de Alta) e LTB (Linha de Tendência de Baixa).

Vamos ver na imagem o traçado de uma LTA:

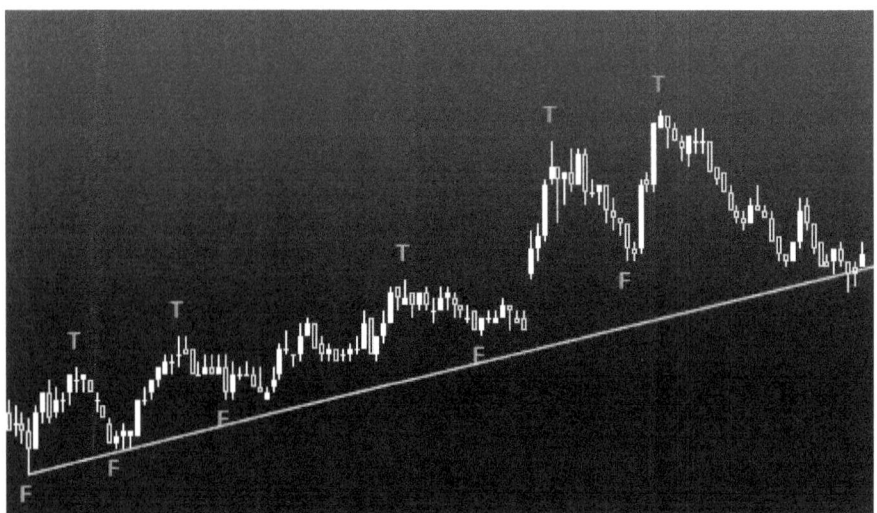

E qual a relevância da LTA?

Simples. Os pontos de retorno que estão ali nas proximidades da LTA são mais valiosos pois possuem assertividade maior.

A LTA é o ângulo de subida do ativo. Por isso ela funciona como suporte. É a velocidade da tendência de alta do ativo.

Da mesma forma, temos a LTB, linha de tendência de baixa.

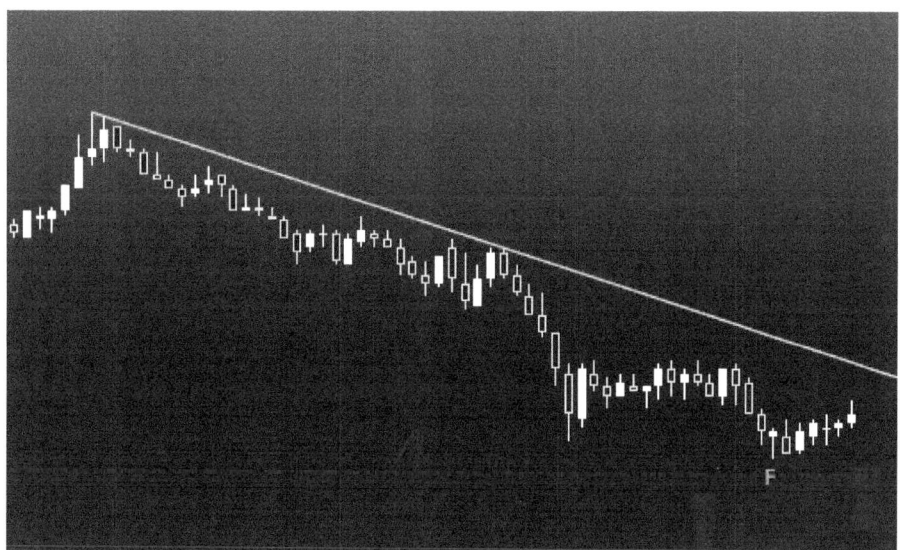

A ideia é a mesma. Caso encontre ponto de retorno que esteja próximo da LTB, há grande assertividade para operar.

E como traço a linha de tendência?

Novamente, provável que sua plataforma tenha tal desenho automático. Basta você utilizá-lo, selecionando e colocando no gráfico.

Caso não tenha, crie uma linha diagonal ligando as velas através de seus pavios conforme nas imagens.

Necessário que toque no mínimo 2 pontos, e quantos mais tocar mais forte será a Linha.

LINHA DE TENDÊNCIA SECUNDÁRIA E TERCIÁRIA

A linha de tendência primária é a que desenhamos no tópico anterior.

Ela é a linha de mais longo prazo. Mas e se quisermos ser mais cirúrgicos, podemos desenhar as linhas secundárias.

Para isso, encontre o segundo ponto onde a linha toca e marque dali uma nova linha, buscando com que encontre um outro ponto abaixo, como vemos abaixo, em que a linha contínua é a LTA primária, e a linha tracejada é a LTA secundária:

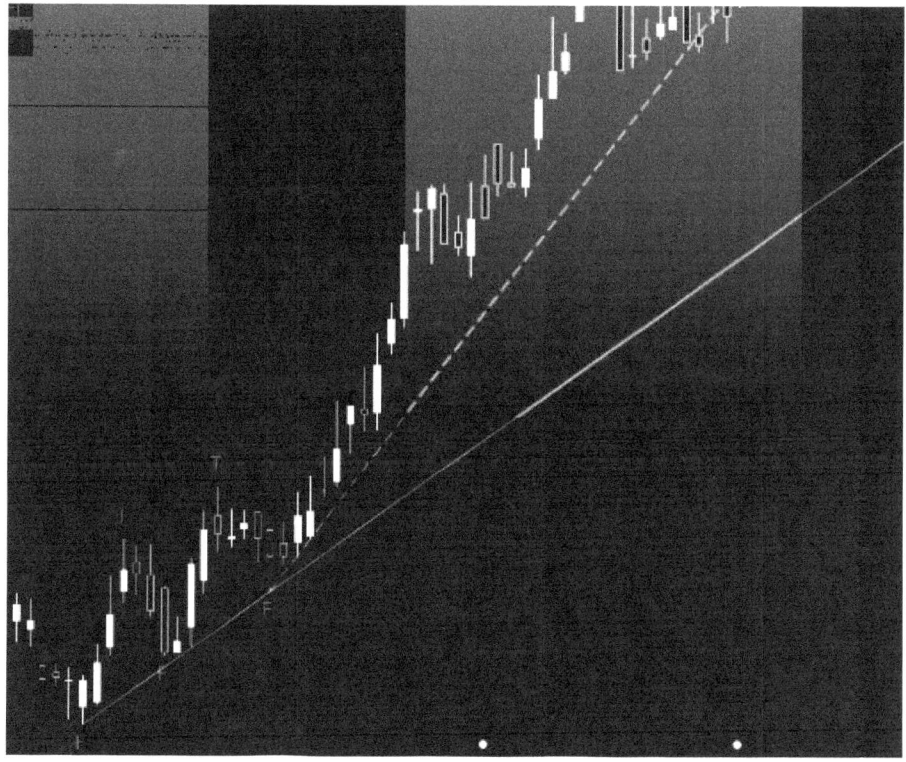

Repare que a LTA secundária aumentou a assertividade das operações porque ela pegou um prazo mais curto.

Podemos avançar e traçar a LTA terciária, que nos dará a medida mais cirúrgica que queremos para abrir as operações.

A seguir, a linha pontilhada é a LTA terciária, traçada a partir do segundo toque da linha secundária.

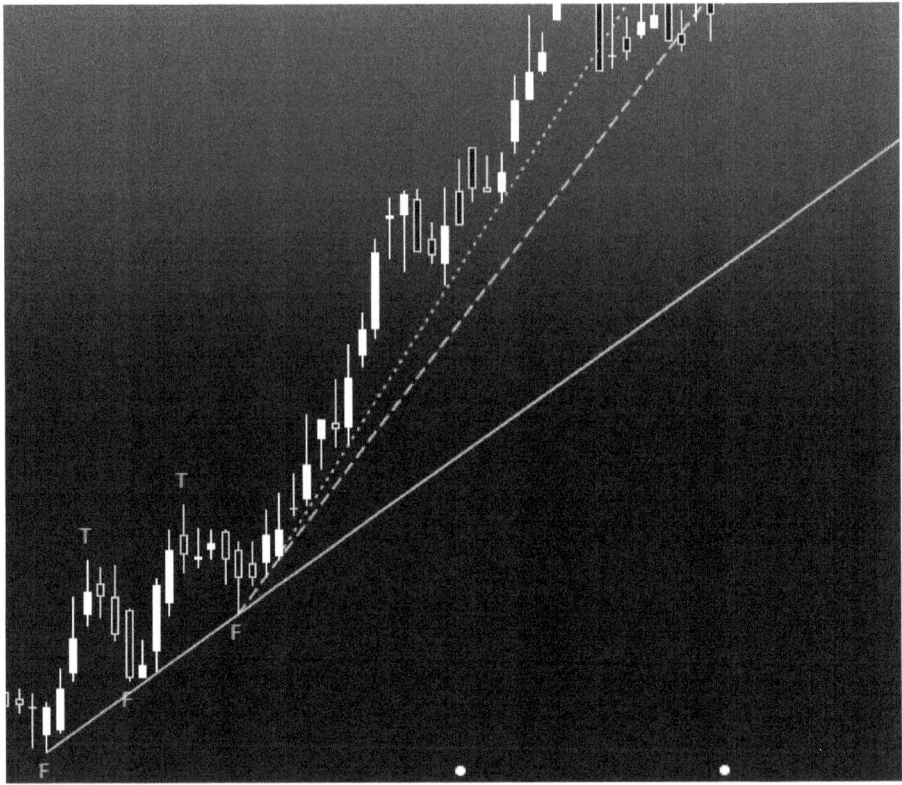

Repare como a LTA terciária é de extrema valia para nossos Scalps neste canal.

Enquanto a LTA primária só deu 2 toques nesse intervalo gráfico, a LTA terciária deu 5 toques!

Foram 5 oportunidades de você entrar na operação.

CANAL DE BAIXA E DE ALTA

Temos a formação de um canal quando o preço toca LTA e LTB, mantendo uma direção decrescente.

A lógica de operação é a mesma do retângulo. Se ocorrer um ponto de retorno próximo a um dos limites do canal, a assertividade é maior.

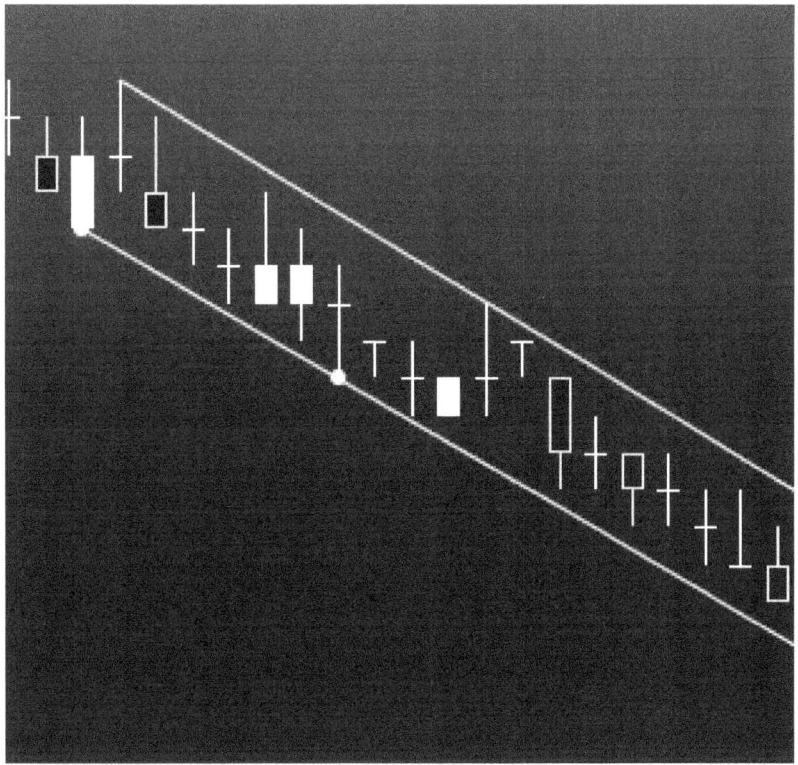

Agora, vamos ver a imagem a seguir, onde o ativo encontrava-se em consolidação retangular, e em seguida começou a fazer topos e fundos ascendentes, inaugurando um canal de alta.

Repare na vela apontada na seta.

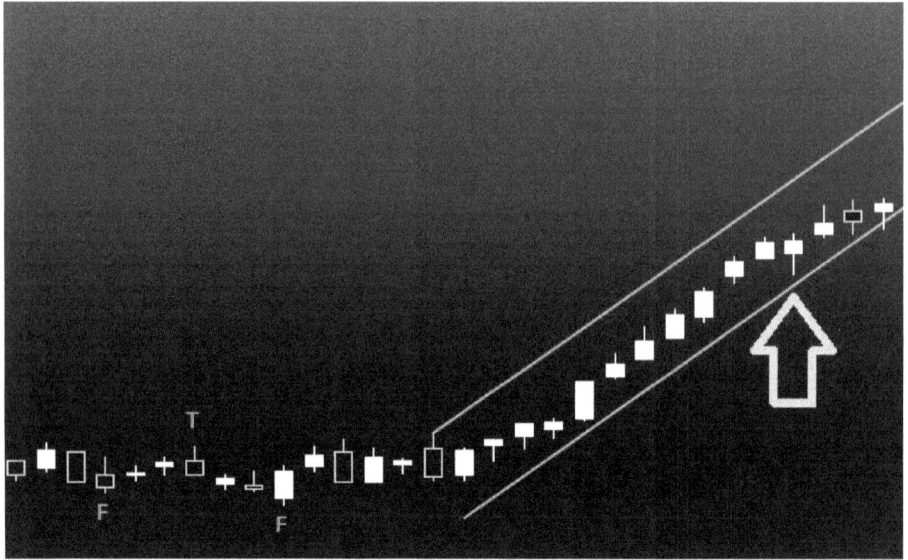

A vela apontada na seta era um ponto em que você ficaria a postos para iniciar a operação, ainda mais com a mínima dele além de ser menor que o fundo anterior, ainda beirou a base do canal.

Porém, a vela seguinte não rompeu a mínima. Pior, fez topos e fundos ascendentes, confirmando a tendência de alta.

Se você tivesse entrado na operação teria ativado o stop loss, porque não aguardou a confirmação da perda do fundo da vela de retorno.

MÉDIAS MÓVEIS

As medias móveis servem para facilitar a leitura, tornando ela mais objetiva, ou seja, sem achismos.

Também são úteis para você identificar quais médias o preço está respeitando mais, indicando a média que os traders de peso estão utilizando, além de ser um dado estatístico relevante.

As medias funcionam como suporte e resistência, e a maioria dos Setups Operacionais (modos automáticos e objetivos de operação) utilizam médias móveis.

As médias servem para que você possa rastrear o mercado.

Se o mercado está em tendência de alta, os preços estarão acima das médias móveis, levando elas para cima. Isso também aumenta a probabilidade de formação de topos e fundos ascendentes.

Se o mercado estiver em tendência de baixa, os preços estarão abaixo das médias móveis, levando essas médias para baixo. Com isso, temos maior chance de ocorrência de topos e fundos descendentes.

Como nós fazemos Scalp, precisamos de utilizar médias móveis mais rápidas, e por isso utilizamos as médias exponenciais, ou seja, as que colocam peso maior para os preços mais recentes.

A sugestão de uso para Scalp é de MME 17 (Média Móvel Exponencial de 17 períodos), MME 72 e MME 200.

Vamos visualizar no gráfico. A média exponencial de 17 períodos está traçada como sendo a linha contínua. Já a MME 72 é tracejada, enquanto a de 200 períodos exponencial é pontilhada.

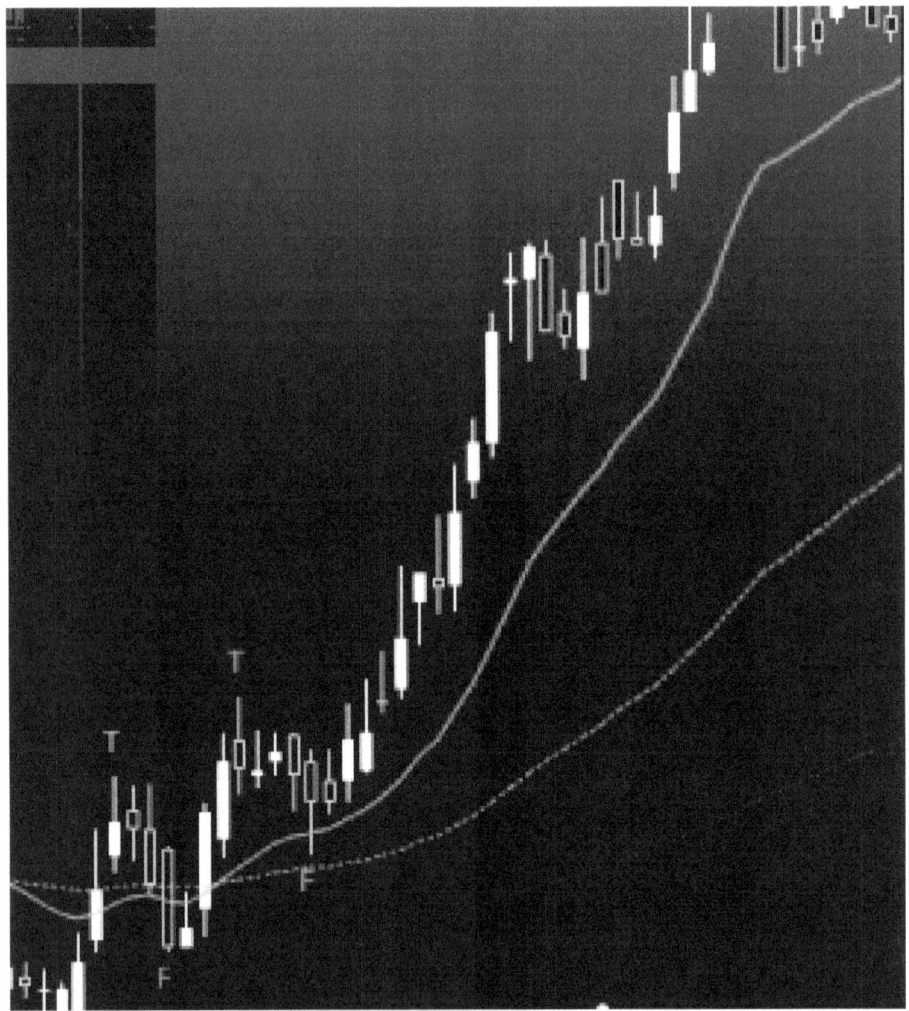

No caso acima, se o preço romper a média de 17 períodos para baixo, você passa a utilizar como suporte a MME 72, que é a sua próxima média.

Se romper essa de 72 períodos, a sua próxima compra passa a ser avaliada quanto se aproximar da MME200, que é onde você aguardará o seu ponto de retorno.

Nada impede que você entre vendido ao perder alguma das médias, desde que haja confirmação do ponto de retorno e você tenha observado a tempo.

SAÍDA DA OPERAÇÃO – MOVIMENTAÇÃO DE STOP LOSS

O momento de entrar nas operações você já entendeu.

E depois de aberta a operação, em que momento você deve sair?

Ou seja, onde alocar o seu Stop Loss?

Como já falado, toda operação precisa estar protegida tanto no lucro quanto no prejuízo.

Não tenha dúvida, o melhor local de Stop Loss é o chamado stop técnico, ou seja, logo abaixo do último fundo (se for operar comprado) ou logo acima do último topo (se for operar vendido)

Vejamos no gráfico:

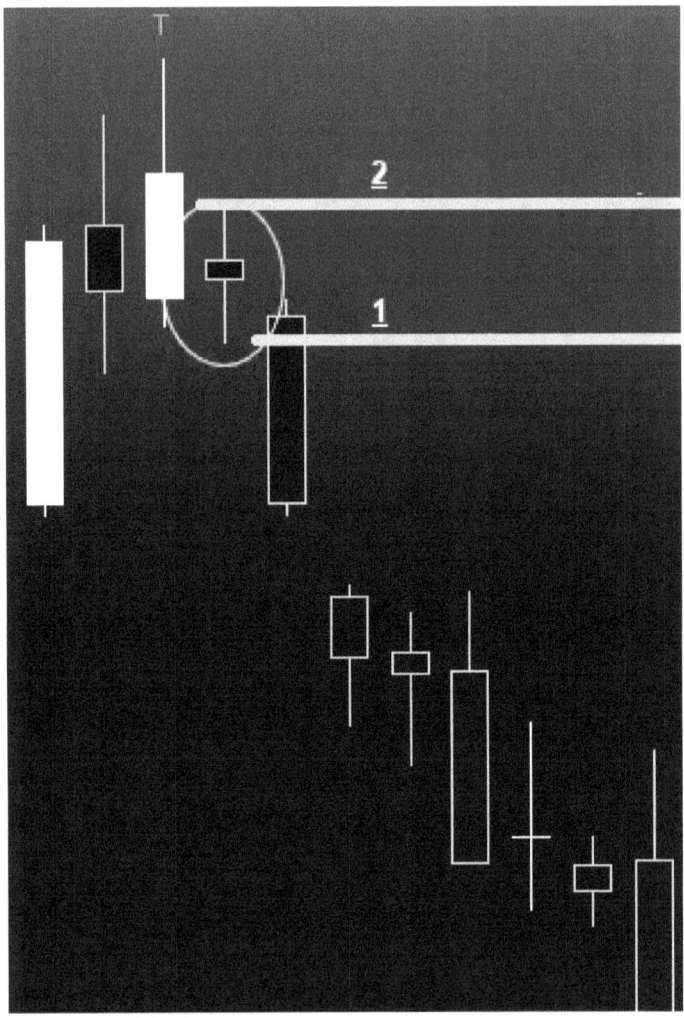

Repare que o gráfico parou de fazer topos e fundos ascendentes, gerando a vela de dúvida que vimos nos tópicos anteriores. É o ponto de retorno circulado em amarelo.

Se na vela seguinte o preço perder a mínima dessa vela de retorno, entro vendido na operação, com meu stop ali na máxima da vela do ponto de retorno. A entrada da operação foi no ponto 1.

Lembre-se que você é um Scalper, busca operações curtas. Não deve colocar stop longo demais. Por isso a recomendação é a da máxima da vela da dúvida. Stop Loss no ponto 2.

Porém, caso queira um Stop técnico-conservador, você pode utilizar o último fundo ou topo confirmado.

A confirmação do topo ou fundo é o mesmo que a confirmação da tendência.

Lembre que falamos que a tendência de alta só é confirmada quando há o rompimento do último topo, e a tendência de baixa só é confirmada quando há o rompimento do último fundo.

Quando há o rompimento do último topo, dizemos que o último fundo foi confirmado, e aí você pode colocar o seu stop neste ponto pois a tendência de alta foi confirmada.

Na próxima confirmação de topo, você terá oportunidade de "subir" o seu stop para o próximo fundo, e aí o seu stop loss passa a ser stop gain, além do seu stop do alvo que também é de ganho.

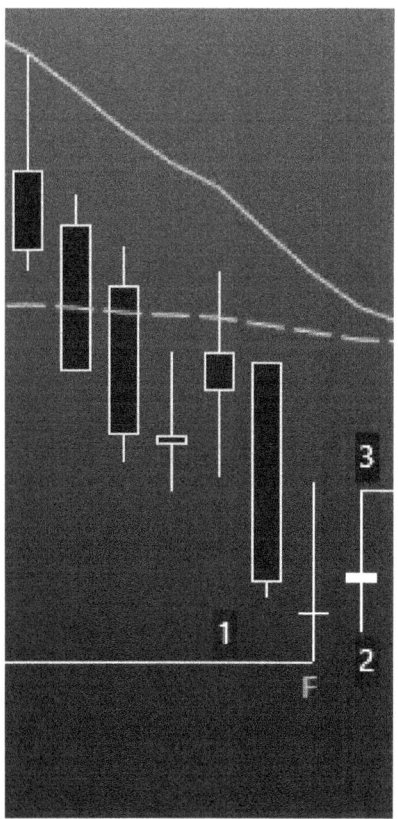

Na seta apontada em 2 temos a vela da dúvida. Ali o gráfico não gerou um novo fundo e despertou a atenção do Scalper. Ele já definiu sua entrada no rompimento do topo marcado em 3 no gráfico.

Ali na linha 1 fica a posição do Stop Loss inicial. Você irá subir esse stop à medida que o trade evolui.

Então, vencido o próximo topo, seu stop irá subir. Vamos ver a progressão do trade:

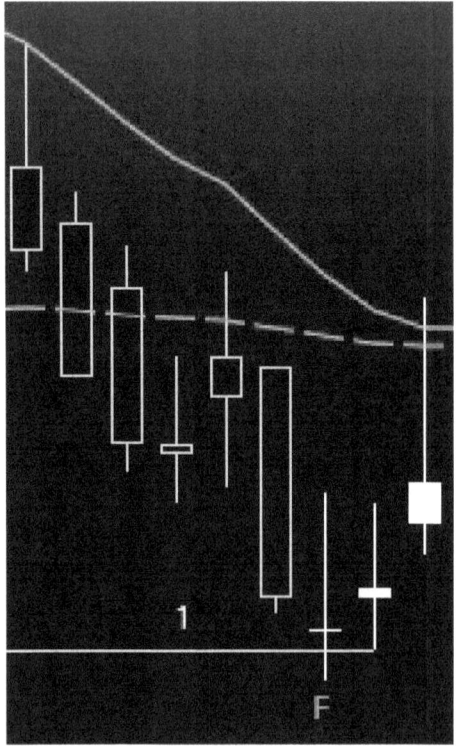

Agora subimos o stop loss (ponto 1 no gráfico) para a mínima da vela anterior à atual.

Vemos que isso foi possível porque a vela fez topo e fundo ascendente, indicando a subida. Vamos ver a sequência.

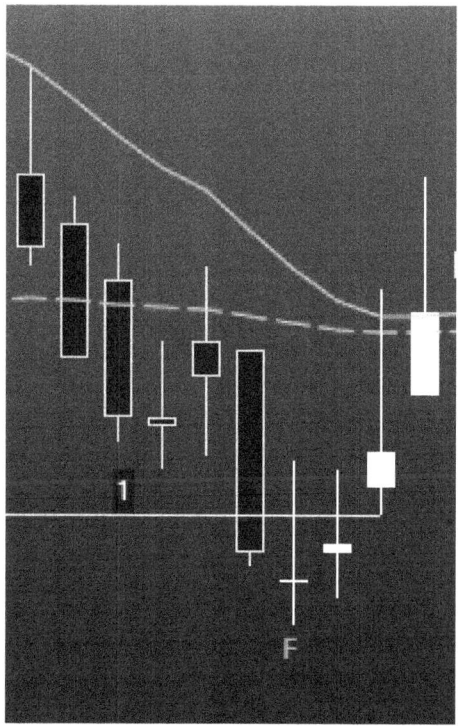

O trade evoluiu bem. Novamente uma vela de topos e fundos superiores. Isso nos permite colocar o stop loss mais acima, no último fundo (mínima da vela anterior).

Ou seja, enquanto o ativo estiver fazendo fundos ascendentes, eu estou no trade.

Vamos ver o que ocorreu em seguida.

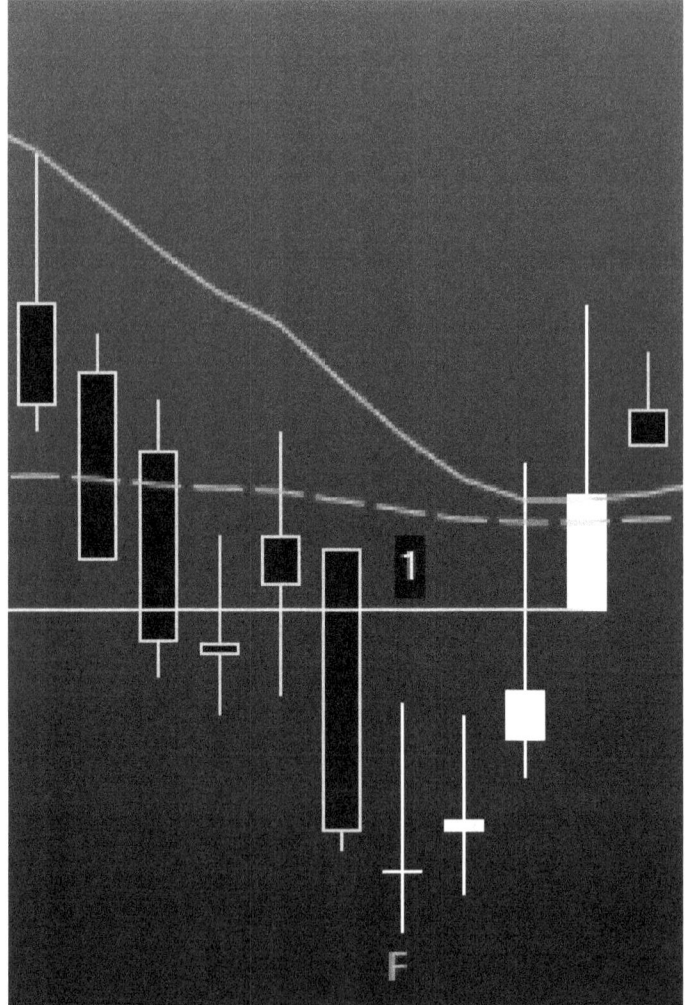

Observamos mais uma vez um fundo ascendente, nos permitindo elevar o stop para o ponto 1 do gráfico, ou seja, o último fundo. Mas isso é ERRADO. E por que é errado elevar esse stop neste momento?

Simples. A vela atual não fez um topo maior. Ela não confirmou a tendência. Então, podemos estar perto de uma retração ou de uma mudança de tendência. (é um ponto de atenção!).

O mais adequado a fazer é realizar a operação ao menos de forma parcial. 50% de realização.

E manter o Stop na posição da imagem anterior, e não elevar ele como fizemos nesta imagem acima.

TEMPOS GRÁFICOS

Como já falado, o Scalper deve operar em mais de um tempo gráfico.

Mas qual devo escolher para ser o gráfico maior e qual será o menor?

O seu gráfico âncora, referência, guia, deve ser o gráfico maior, e ele pode ser o de 15 minutos, o de 60 minutos, diário, semanal e até mensal.

O gráfico de ajuste fino varia do gráfico de 1 minuto ao gráfico diário.

Mas você não pode utilizar como referência o gráfico diário e fazer ajuste fino no de 1 minuto. Não há sentido nisso.

Abaixo apresento tabela com a correlação indicada:

Gráfico Base	Mensal	Semanal	Diário	60 minutos	15 minutos
Gráfico Ajuste Fino	Diário	60 minutos	15 minutos	05 minutos	1 minuto

Ou seja, se você utilizar o gráfico Diário como âncora, deve então utilizar o de 15 minutos para realizar a entrada na operação.

Você vai marcar suportes, resistências, LTA, LTB, no diário. E depois ir para o gráfico de 15 minutos de forma a aumentar a assertividade das operações.

Possivelmente operar com o gráfico diário e o gráfico de 15 minutos ou com o gráfico de 60 minutos e o gráfico de 5 minutos seja o nível mais baixo para um humano atuar no scalping.

Utilizar o gráfico de 1 minuto é possível, porém gera muito ruído, e o índice de acerto das operações cai drasticamente.

O USO DO FIBONACCI

No Scalping você utiliza a ferramenta de Retração e Projeção de Fibonacci da mesma forma que a utiliza nas demais operações com análise gráfica.

As projeções que realmente importam são as de 161,8% e a de 100%. Esses são os alvos que você irá traçar.

Já no campo da entrada da operação, a ferramenta de Retração terá como principais usos os níveis de 38,2%, 50% e 61,8% de Fibonacci.

Ou seja, a entrada da operação é mais assertiva se estiver entre 38,2% e 50% de Fibonacci.

> *Você só pode utilizar a ferramenta de retração de Fibonacci se o fundo anterior estiver confirmado.*

A afirmação acima é importantíssima. Não é adequado tentar prever o final de uma retração utilizando Fibonacci se você ainda não sabe se será uma retração ou uma mudança de tendência.

Logo, você só pode prever o tamanho da retração utilizando Fibonacci após o preço romper o último topo, pois aí estará confirmado o fundo.

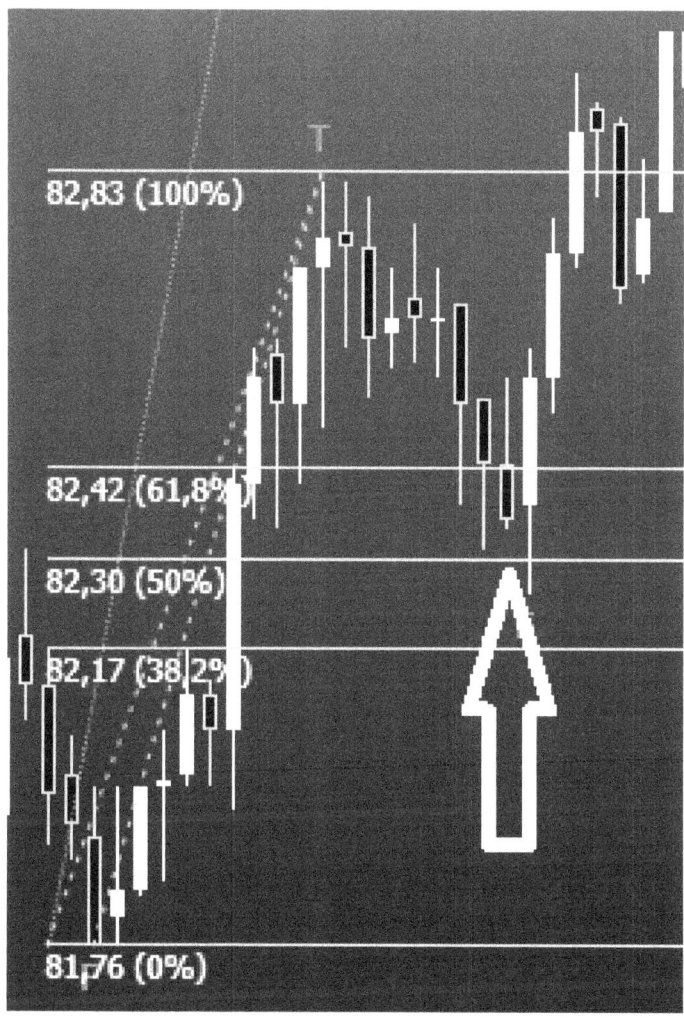

Na imagem vemos que houve uma retração dos preços no nível 50%.

Além disso, observe que foi gerado um ponto de retorno apontado pela seta, já que a vela não fez um fundo mais baixo e ainda fez um topo mais alto.

Em seguida, houve o rompimento da máxima dessa vela de retorno, gerando oportunidade para aumento da posição ou até entrada na operação por retração.

Certo. Entrei na operação. E agora, qual meu alvo?

Para isso, você utilizará a projeção de Fibonacci:

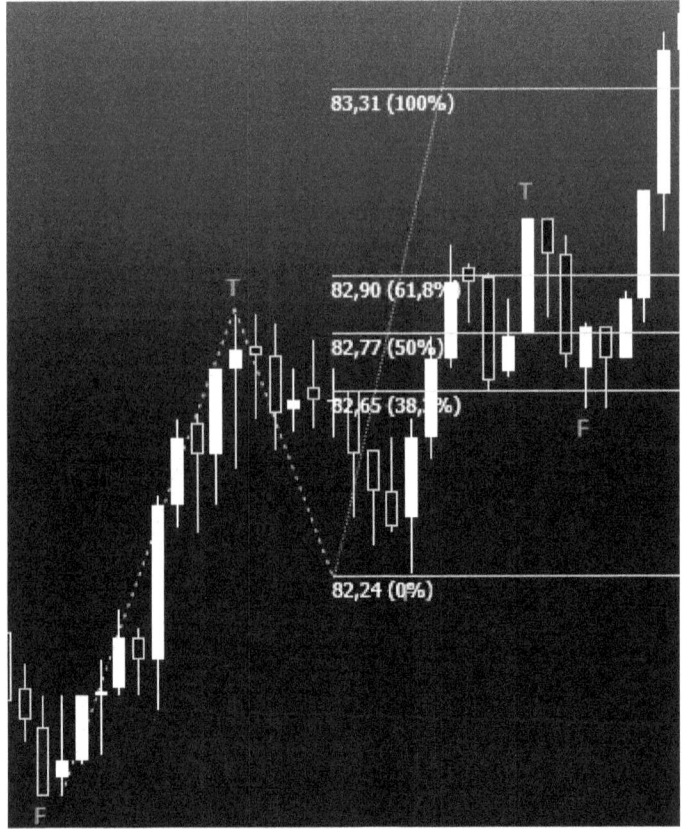

Esse trade teria gerado sucesso e você teria atingido o ponto de 100% de Fibonacci.

Nesse momento, você faria uma realização parcial de 50% da sua posição, e se manteria na operação com stop loss posicionado sempre no último fundo.

A sequência seria a seguinte:

Ou seja, você atingiria o nível 161,8% de Fibonacci, realizando os 50% restantes e finalmente encerrando a operação em pleno sucesso.

PADRÕES GRÁFICOS

Os padrões gráficos são figuras que observamos nos conjuntos de velas de forma a antever alguma situação de mercado.

Os padrões são para prever 3 situações:

A primeira situação é a retomada da tendência. Acontece quando o mercado está lateral e então ocorre um rompimento, como no canal, voltando a tendência anterior.

O segundo é a continuidade da tendência. É o melhor padrão. O mercado está direcional e apenas realiza uma breve retração para prosseguir na tendência. A bandeira é um exemplo de figura gráfica que identifica a continuidade.

Por último, temos a situação da reversão de tendência. Nessa situação o papel está subindo, faz uma leve retração como na continuidade e quando atinge novamente o topo anterior ele não consegue superá-lo. É uma ótima entrada com stop curto para entrar vendido (stop acima do topo que não foi superado).

Agora vamos avaliar os padrões e ver qual é a mais provável das 3 situações acima para cada um deles.

BANDEIRA DE ALTA

A bandeira é um padrão de alta confiabilidade.

Ela indica grande possibilidade de retomada da tendência após essa leve pausa na subida que caracteriza a bandeira de alta. Veja a imagem.

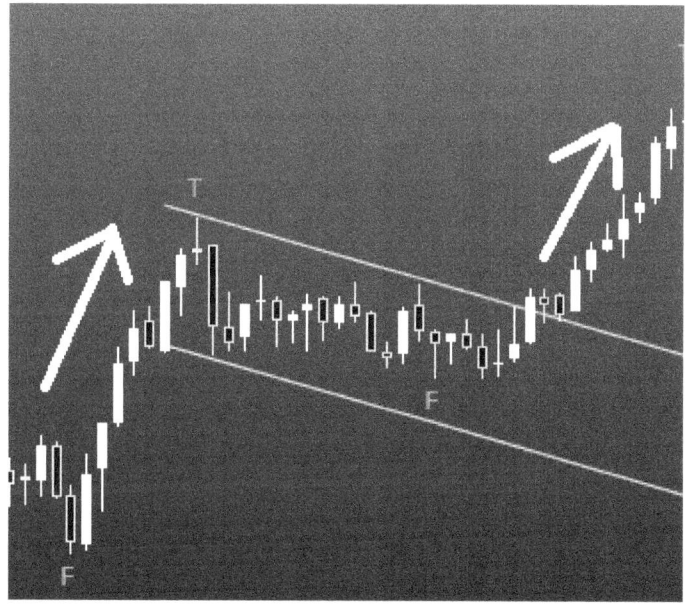

A bandeira é esse canal de baixa dentro da tendência de alta. Repare que o preço fica preso no canal, desce lentamente sem perder o fundo anterior. E de repente, ele rompe o canal e continua a tendência de alta.

> *Para configurar a bandeira são necessárias pelo menos 2 velas.*

Veja como a vela que rompe o canal inaugurou o retorno da

tendência de alta.

E onde seria a entrada e onde seria o stop? Na imagen a seguir, a entrada se dá no ponto 1, ou seja, no rompimento do canal. enquanto o stop deve ser posicionado no fundo do canal, no ponto 2.

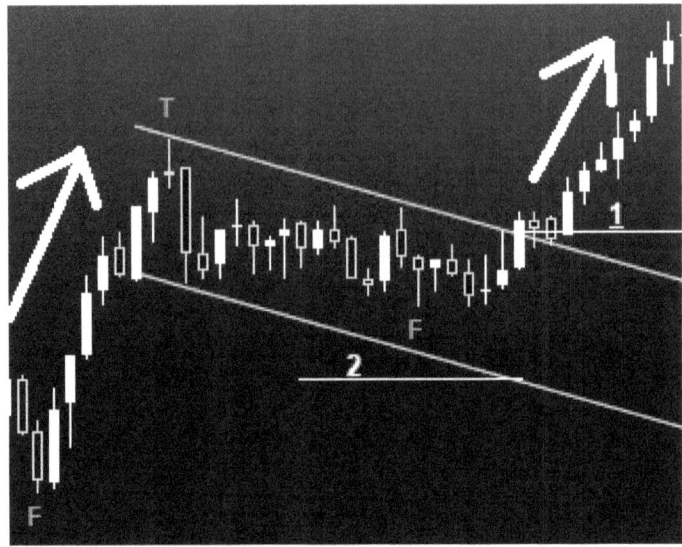

Para calcular o alvo da operação, ou seja, o ponto de lucro máximo onde você já terá realizado e encerrado a operação, vamos ver a imagem a seguir onde a reta 1 indica o mastro dessa bandeira.

Você irá projetar esse mastro a partir do rompimento. Vai replicar o mastro no ponto de rompimento para cima, como vemos na reta 2. Lá no alto da barra 2 você posicionará o seu stop gain máximo. Mas como já falamos, você pode e deve realizar parcialmente seus lucros após avanços do preço, e elevando o seu stop.

FORMAÇÃO PARA SCALPER

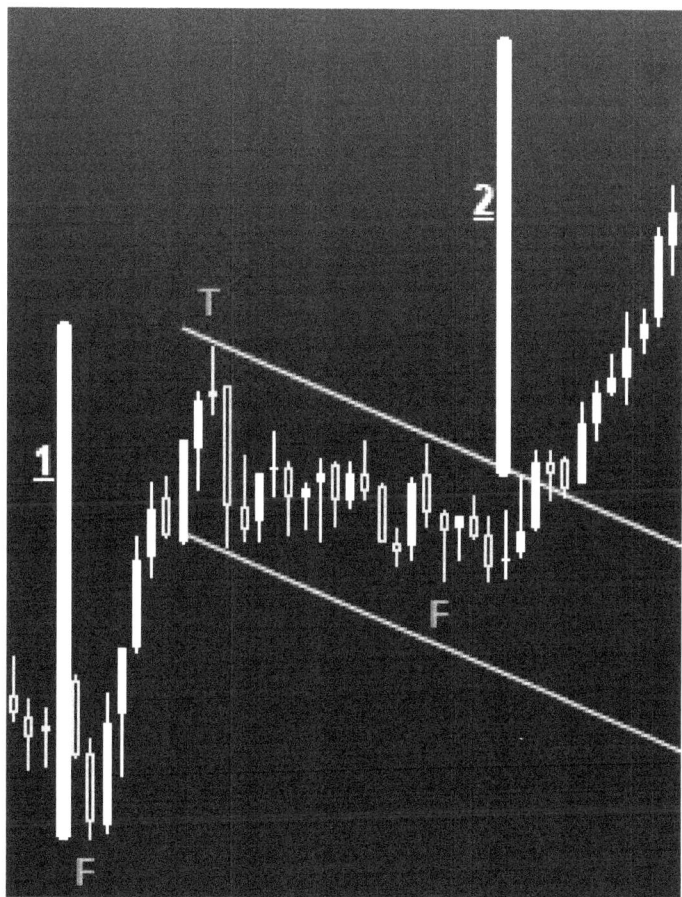

As bandeiras costumam aparecer após um ciclo forte de alta. Normalmente a tendência é tão forte que sequer atinge os 50% de Fibonacci. E aí para entrar na operação o ideal é operar a bandeira de alta. E normalmente essas bandeiras ocorrem duas vezes seguidas, aumentando a chance de entrada.

BANDEIRA DE BAIXA

Da mesma forma oposta, em uma tendência de baixa, é possível que após um forte movimento o ativo faça uma leve retração em canal sem atingir o nível 50% de Fibonacci e em seguida retorne para sua tendência de baixa.

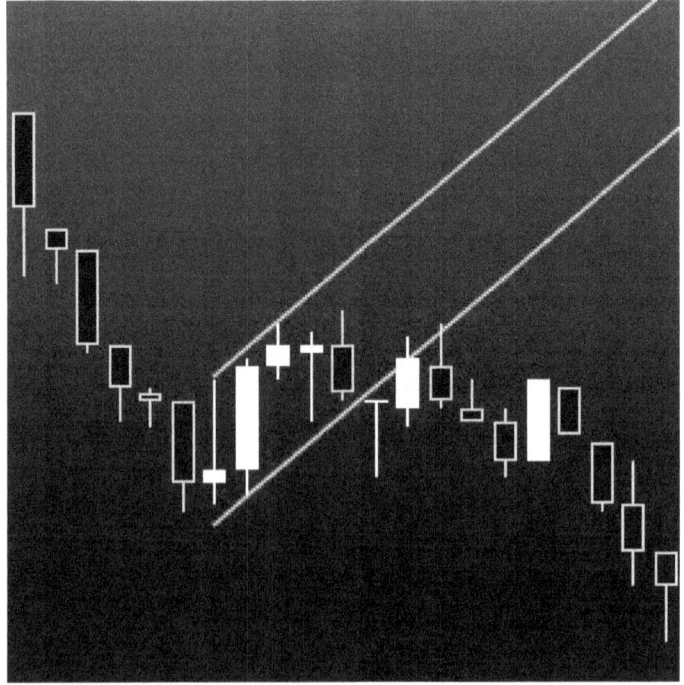

Nessa situação, a nossa entrada será no rompimento do canal, onde entraremos vendido, posicionando nosso stop loss no limite superior do canal ao tempo da entrada.

Fazemos isso porque é um canal. O stop do canal sempre é esse. Caso o rompimento seja falso, não irá acionar o stop loss. Só irá retardar a operação pois o ativo continuará no canal.

FORMAÇÃO PARA SCALPER

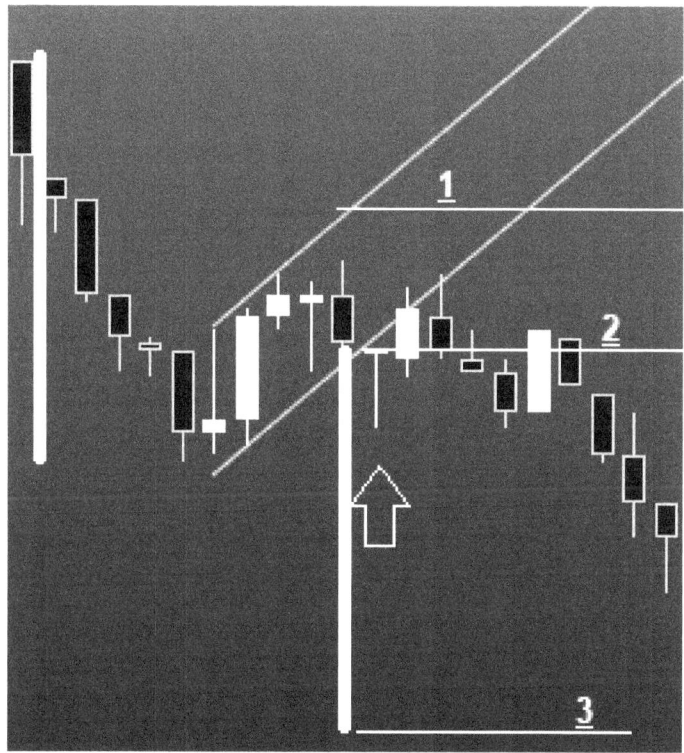

Logo, na reta 1 posicionamos nosso stop loss, com entrada da operação em 2 ali no rompimento do canal para baixo, como indicado na seta. (a vela fechou abaixo do canal).

Da mesma forma, devemos projetar o mastro para baixo para posicionar o nosso stop gain como na reta 3 da imagem.

BANDEIRA APÓS CANAL DE CONSOLIDAÇÃO

As bandeiras que ocorrem após um canal de consolidação costumam ser mais efetivas e possuem movimentos mais fortes.

Por exemplo, imagine que o mercado passou bastante tempo ali variando na mesma faixa de preço.

De repente, ele fura o canal para baixo e inicia a tendência de baixa. Em seguida faz uma leve bandeira. Você prepara a sua entrada e entra no rompimento do canal.

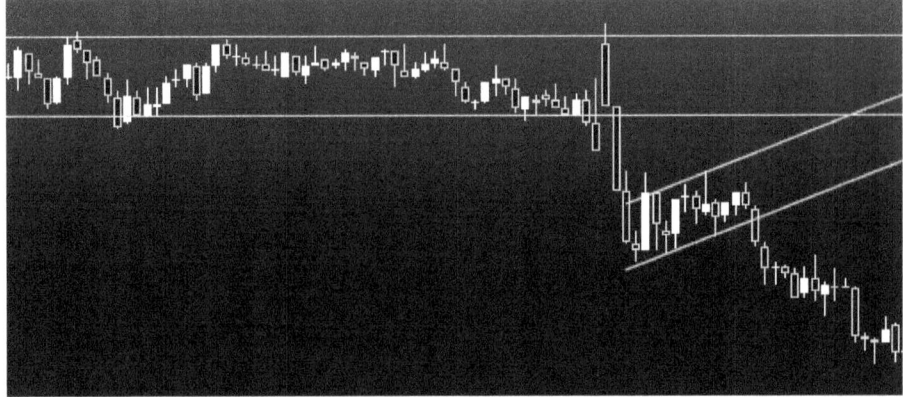

Repare que na imagem acima você acabaria tendo o seu stop loss ativado porque entraria na operação na vela que furou o canal para baixo, porém o ativo deu uma "violinada" para cima e depois fez o movimento brusco para baixo. Você teria o stop ativado acima do canal!

Isso ocorreu porque o canal na imagem acima não foi marcado corretamente no gráfico. Foram omitidas velas propositalmente para que você não cometa esse erro. Veja a imagem completa do gráfico, com algumas velas a esquerda.

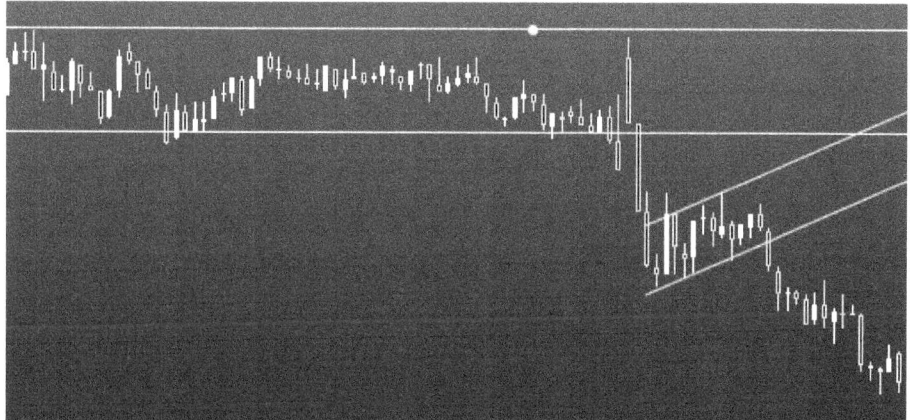

Isso foi para mostrá-lo que a falta de atenção na hora de delimitar o canal pode lhe custar a operação inteira e a perda de uma bela entrada.

Mas por que não operar o canal? Por que não ficar comprando na base do canal e vendendo o teto do canal? Ora, porque o Scalper não opera sem tendência! A operação de compra e venda do canal é complexa, dá muito trabalho, é arriscada porque pode ser facilmente violinado em seu stop, e o pior, apresenta pouco ganho.

OPERAÇÃO NO ROMPIMENTO DE MÉDIA

Para essa estratégia, utilizamos mais de um tempo gráfico.

A ideia é localizar pontos onde o gráfico fica tocando sem romper, e que esses pontos estejam em mais de um tempo gráfico e em mais de uma vela.

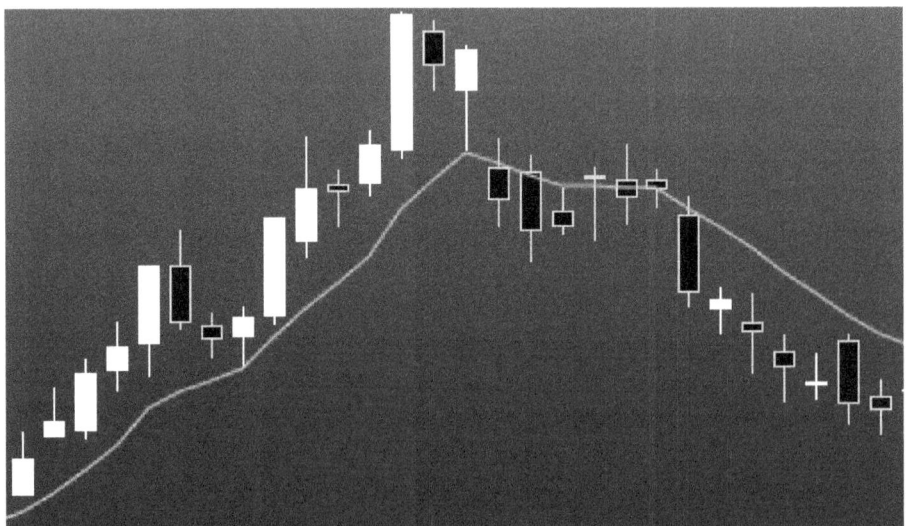

Repare como o ativo vinha respeitando a média móvel exponencial de 9 períodos, sempre se mantendo acima dela e em tendência de alta.

Ao romper a média para baixo, não se sustentou e reverteu a tendência para baixo, iniciando o movimento inverso.

Repare que há um ponto de retorno neste gráfico no topo do movimento. A vela seguinte, de baixa, não fez um novo topo e um novo fundo. Você entraria no rompimento e seu stop loss estaria na máxima da vela de retorno, que não foi ativado e você faria um belo trade para baixo.

Mas aqui estamos falando do rompimento da média móvel exponencial de 9 períodos. A reversão dessa tendência estava já anunciada pelo ponto de retorno, mas ainda que você não tivesse percebido, entraria "atrasado" na operação, mas ganharia dinheiro.

ALINHAMENTO DE TEMPOS GRÁFICOS

Como já dito, o ideal é que qualquer sinal apareça em mais de um tempo gráfico ao mesmo tempo. Isso potencializa o sinal.

Vamos pegar como exemplo o gráfico diário de um ativo. Repare que ele vinha em tendência de baixa, formou a bandeira de baixa (leve canal para cima) e depois engatou novamente a descida forte.

Além disso, também ocorreu a presença de um topo duplo, a violação para baixo da média móvel que o guiava e o ponto de atenção com a vela de baixa no topo da bandeira. Vamos ver esse gráfico diário.

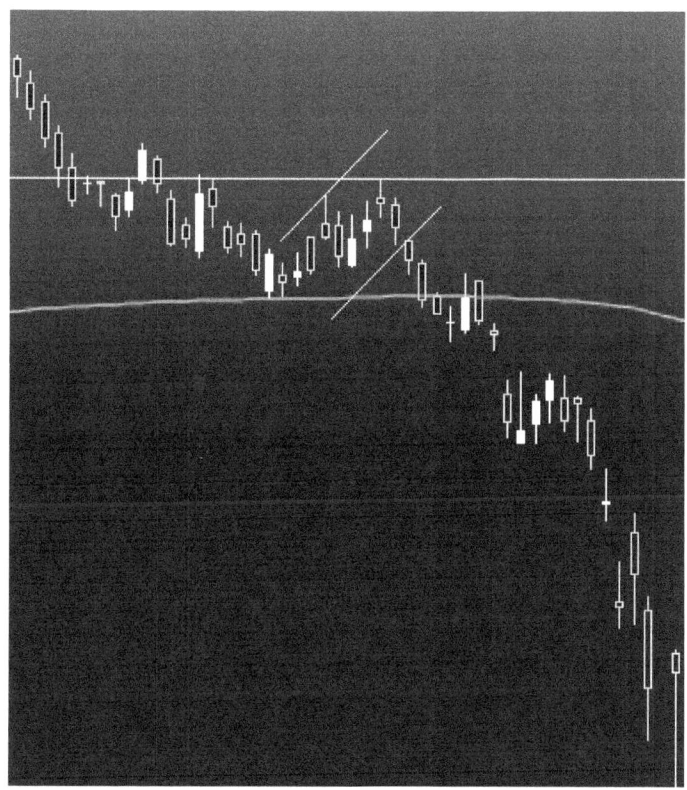

Logo, você avaliou o gráfico diário, percebeu a bandeira, ficou atento ao topo duplo e migrou para o gráfico de 15 minutos para ajustar a sua entrada na operação.

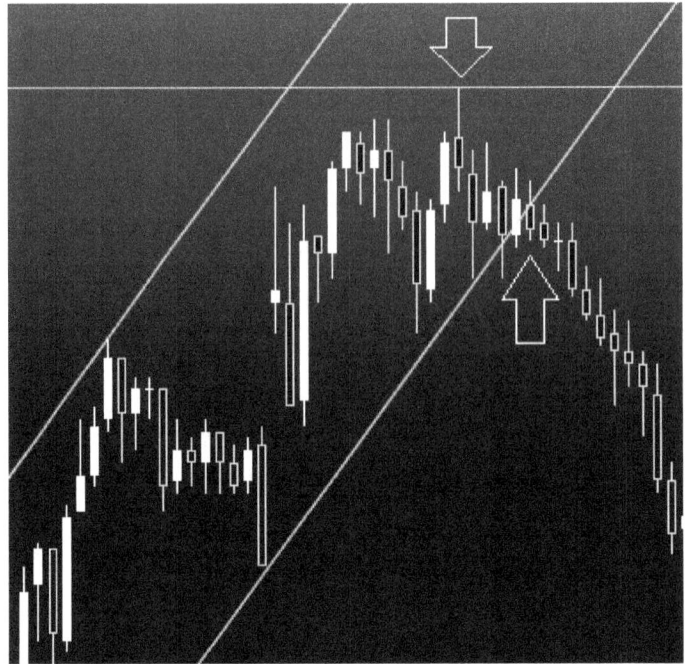

No gráfico de 15 minutos a situação se confirmou. Ocorreu ali o toque no topo sem se confirmar rompimento, caracterizando o topo duplo ao menos momentaneamente, e ao mesmo tempo gerou a vela de atenção pois passou a ser negativa, indicando que os vendedores venceram nos últimos 15 minutos nessa vela de atenção.

A partir daí você já poderia entrar se quisesse mas se for ainda mais cuidadoso vai aguardar o rompimento da bandeira de baixa, e foi o que ocorreu logo em seguida, gerando sua entrada.

Valiosíssima é a situação em que encontramos um pivot no gráfico maior e este também se reproduz no gráfico menor.

Como o padrão estava previsto no gráfico diário, essa operação poderia até virar um Swing Trade vendido caso o Scalper sinta-se a vontade para isso.

Lembre-se, ninguém deve ser um Scalper puro. O segredo é diversificar! Equilíbrio!

ENTRADA NA CORREÇÃO POR FIBONACCI

Aqui o Scalper irá operar apenas com o gráfico de 1 minuto, e utilizando o tempo de 15 minutos como referência macro.

Você vai buscar a entrada no ponto de retorno, e vai focar nas retrações de Fibonacci, mais precisamente entre o nível 61,8% e 38,2%, com atenção especial na proximidade do nível 50%.

Seu objetivo é entrar no fim de uma retração leve de uma tendência.

Você traçará a retração de Fibonacci começando no fundo anterior e encerrando no topo onde iniciou a retração.

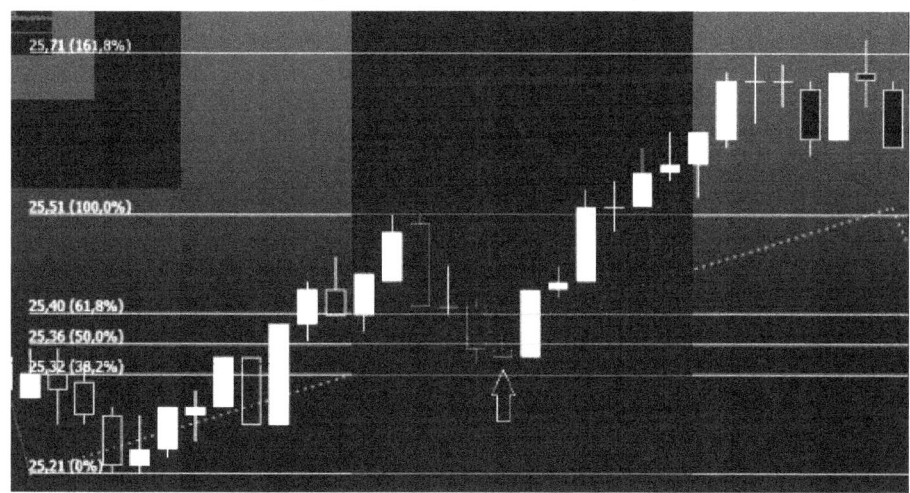

Veja o ponto de retorno marcado na seta, ao fim da retração e próximo ao nível 50% de Fibonacci.

Ali está a sua entrada. Stop Loss alí na mínima da vela anterior (ou de retorno se a vela anterior for muito cara).

Para calcular o ganho, você deve utilizar a outra ferramenta chamada Projeção de Fibonacci.

A projeção você vai traçar do fundo até o topo antes da retração, e depois finalizá-la no fundo da retração, lhe dando níveis de 100% e de 161,8% que serão seus ganhos parcial e final respectivamente.

Vamos ver como ficaria a operação.

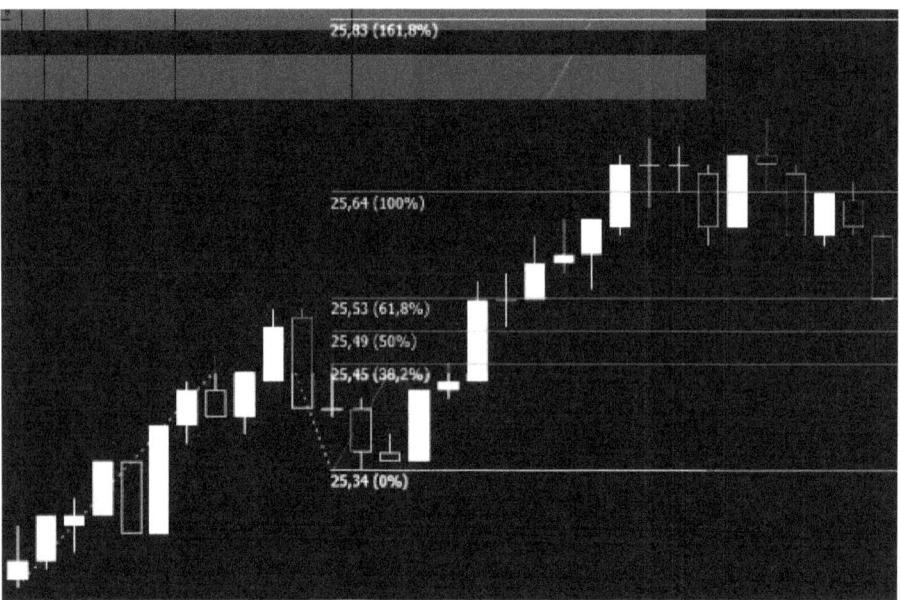

Nessa operação você realizaria o ganho parcial em 100% de Fibonacci, e seria estopado em seguida, realizando totalmente no mesmo nível. Nesse caso não alcançou os 161,8% mas terminou com lucro.

ENTRADA NA CORREÇÃO POR MÉDIAS MÓVEIS

Também devemos ficar atentos a correções que toquem na média móvel, e em especial, quando a média móvel é rompida para cima após uma tendência de baixa.

Logo em seguida haverá uma retração que irá tocar nessa média, para testá-la. Se formar um ponto de retorno ali, a sua entrada está configurada.

Vamos ver na imagem como ficaria.

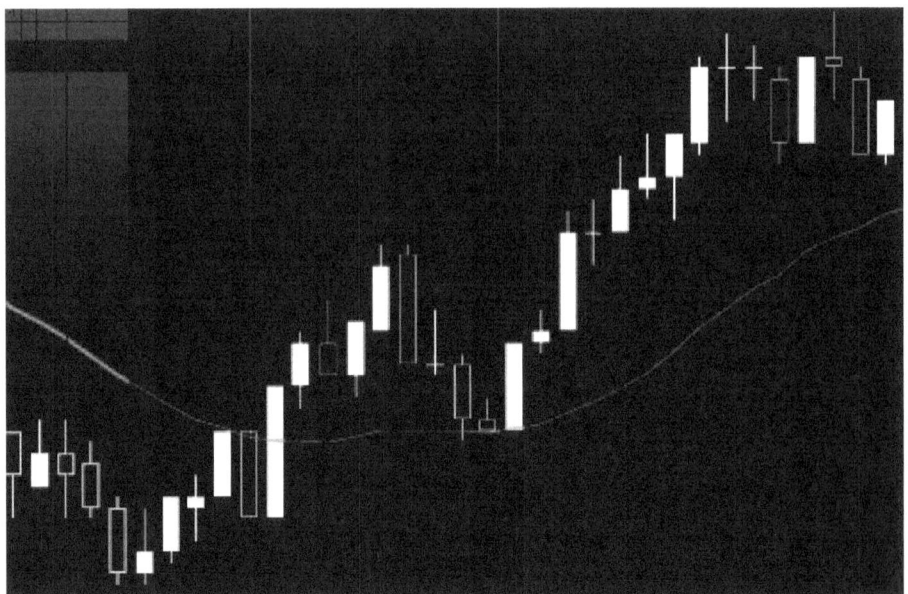

Você irá abrir a operação de compra por base desse ponto de retorno como já explicamos, mas o seu ganho pode ser ou por Fibonacci, ou no próximo rompimento da média móvel para baixo, quando possivelmente encerrará a tendência de alta que surgiu.

O mais recomendado é utilizar Fibonacci ao menos para a realização parcial em 100%.

ENTRADA NA CORREÇÃO POR LINHA DE TENDÊNCIA

Outra forma de operar retrações é por via das linhas de tendência. Vamos demonstrar visualmente.

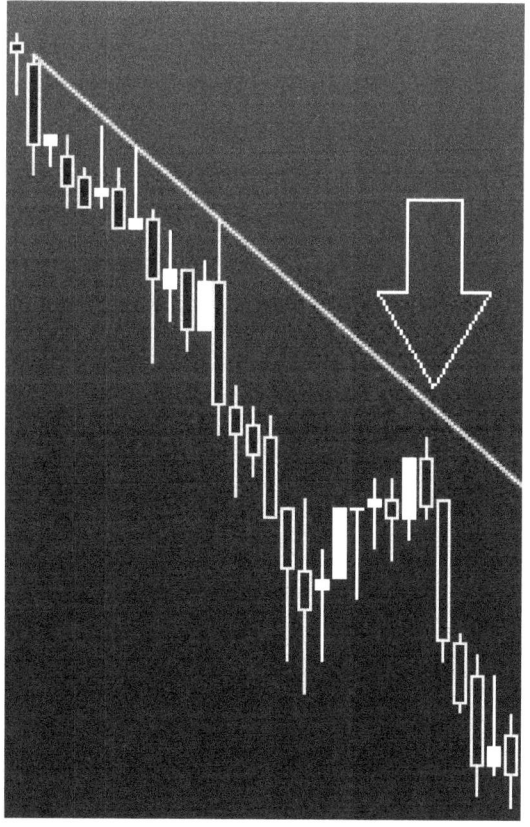

Na imagem podemos ver a linha de tendência de baixa. O ativo então entra em leve retração e em seguida se aproxima da LTB que já tinha 4 toques, ou seja, uma resistência considerável.

O ativo não teve força para romper a LTB e então retomou sua tendência de baixa.

Repare que no caso não houve tempo para a vela de atenção. A vela de retorno foi um marobozu (grande vela) de baixa. Então o Scalper só entraria nesse trade se operasse a bandeira que se formou ali. Pois no rompimento da bandeira essa operação seria assertiva.

TOPOS DUPLOS E FUNDOS DUPLOS

As figuras gráficas de topo duplo e de fundo duplo são importantíssimas não só para o scalper como para qualquer especulador.

O motivo disso é a enorme quantidade de Stop Loss que estarão posicionadas ali nesse ponto, tendo em vista que os operadores esperam que ele não perca o fundo ou não vença o topo.

É um momento muito explosivo. É isso que gera sempre um marobozu (vela enorme) após o vencimento de qualquer resistência.

Vamos ver a imagem:

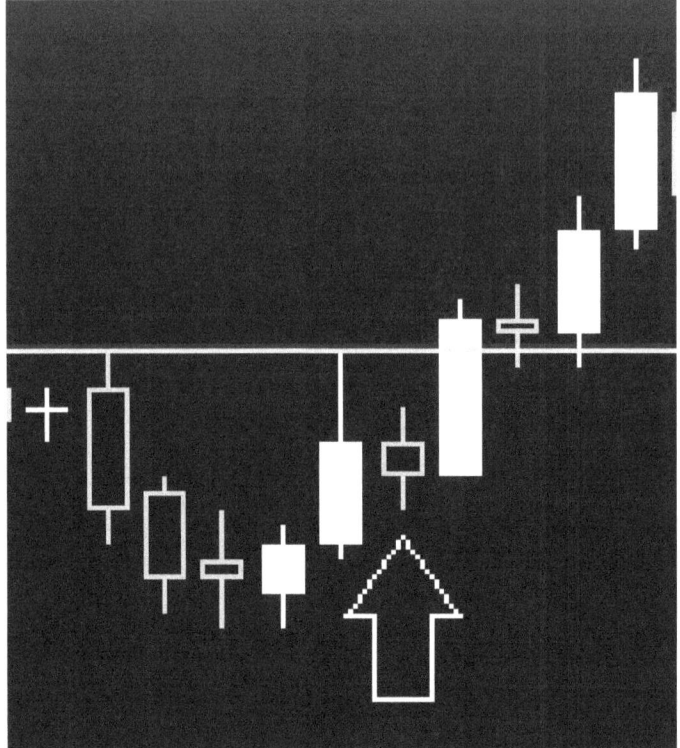

Ali acima da linha do topo duplo está uma grande quantidade de stop loss dos que estão operando vendidos, e os stop gain dos que estão comprados. Você como scalper está de olho nesses stops.

A vela apontada na seta precisa ser uma leve retração. A vela seguinte vai se encaminhar para o topo e você vai entrar nesse rompimento, para pegar o stop dos vendidos. O seu stop loss vai estar posicionado na mínima da vela apontada na seta. Se cair abaixo dela, bem provável que de fato reverta a tendência e não supere mais o topo.

Para que haja assertividade no rompimento do topo duplo, a segunda vela que testou esse topo idealmente deve ser positiva, e no caso do fundo duplo, a segunda vela que testou o fundo preferencialmente precisa ser negativa.

Se não for uma vela positiva a testar o topo duplo, ao menos que essa segunda vela não seja um padrão de vela de inversão de tendência. O mesmo para o fundo. Não pode ser padrão de reversão.

Se for algum padrão e a vela ainda seja oposta ao movimento, é bem provável que o topo duplo não seja superado, porque se a segunda vela for negativa, os vendedores já estão vencendo!

Vai acontecer o seguinte:

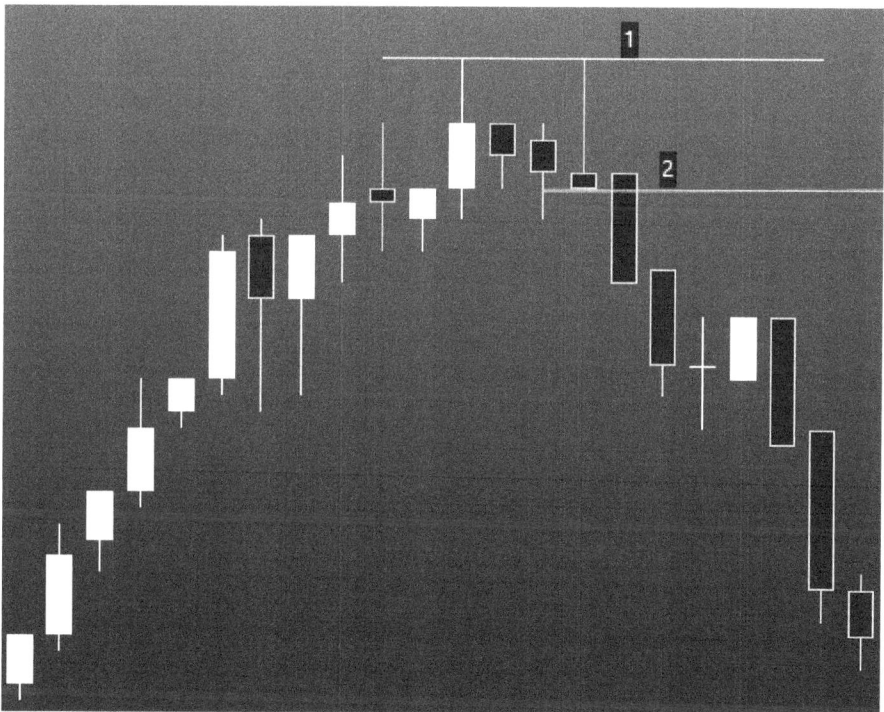

Na imagem ilustrativa, além da segunda vela que testou o topo ser negativa, formou-se um martelo invertido, colocando ainda mais pressão para que o topo não seja rompido.

O ponto 2 é onde estará posicionada a entrada da operação, ou seja, logo após a vela que gerou o topo duplo. Seu stop loss estará na máxima dessa vela, no ponto 1. Ou seja, você não opera rompimento aqui. Basta ver a vela do segundo topo. É claro que os vendedores estão fortes!

O topo duplo e o fundo duplo são valiosíssimos. Você pode ganhar dinheiro tanto no rompimento do topo ou fundo, quanto no teste

LERBIUS MARK

que não o ultrapassa.

ROMPIMENTO DE CONGESTÃO

Se um topo e um fundo duplo geram um posicionamento de vários stop loss no mesmo local, isso acontece ainda mais em uma congestão.

Quanto mais longa a congestão, mais explosivo será o movimento de rompimento dela.

Haverá um movimento brusco, pois, uma vez ativado, o stop loss funciona como uma agressão de compra (no caso dos vendidos) ou uma agressão de venda (no caso dos comprados).

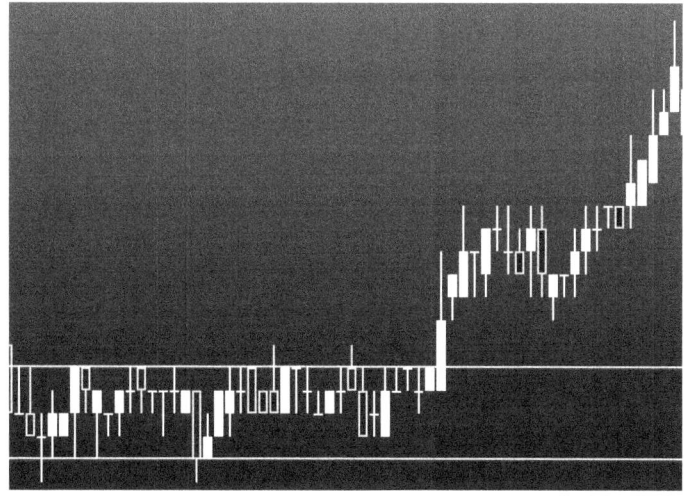

Repare como o ativo ficou oscilando na faixa da congestão, e em seguida no primeiro rompimento houve a explosão.

Na mesma vela da explosão há um pavio acima, indicando que alguns especuladores já realizaram lucros ali, possivelmente porque projetaram o alvo parcial replicando para cima a altura do canal de congestão.

SCALPER X ROBÔS

Você como Scalper também não pode olhar apenas para topos e fundos, volumes, etc.

> *Faça esse exercício mental: Se fosse automático assim, os robôs seriam máquinas de dinheiro. Sempre há análise humana por trás. O Scalper não é matemático puramente. Você seria derrotado pela máquina!*

Para vencer um robô você precisa utilizar intuição, emocional dos outros players, pois essas características são as que diferenciam o seu cérebro de um robô.

E o pior. Os robôs são configurados para enganá-lo!

Embora tal prática seja proibida, é altamente comum você visualizar em qualquer pregão e qualquer ativo um robô de grande player posicionando ordens enormes para atrair o mercado e em seguida retira a ordem e inverte de lado assim que o ativo alcança o preço que ele desejava.

Quem opera opções já está acostumado a ver robôs duelando o dia inteiro em certo derivativo sem que uma ordem sequer seja executada! Os robôs alteram o valor da opção apenas calculando matematicamente de acordo com a movimentação do preço do ativo.

Então, nem tente duelar matematicamente com um robô pois você será derrotado.

Você precisa operar com o sentimental dos outros jogadores do mercado.

O robô só aumenta a força do movimento. Quem inicia o movimento são os seres humanos!

Isso acontece porque a máquina não toma a iniciativa. Ela só administra depois que o humano já alterou o ambiente a sua volta.

Lembre-se disso.

CONCLUSÃO

Finalizamos assim a sua preparação para executar operações curtas e rápidas no mercado com base em critérios objetivos de atuação.

A subjetividade, ou seja, o toque de intuição e emoção, fica a cargo do scalper, que deve aferi-la sempre com base no pensamento dos demais especuladores e não em si mesmo.

Essa análise será útil quando você estiver em dúvida se entra ou não em uma operação que já está toda posicionada. Mas jamais para entrar em uma operação que não tenha os sinais que vimos neste livro.

E o mais importante, coloque em sua mente que você deve diversificar os seus investimentos.

Você deve ter dinheiro em renda fixa, deve ter dinheiro em ações de dividendos, deve realizar trades de curto prazo e deve realizar scalps quando surgirem os sinais.

É assim que alguém responsável coloca o dinheiro para trabalhar.

BOOKS BY THIS AUTHOR

Operando Na Bolsa Em 5 Dias: Um Guia Prático Para Iniciantes

O livro Operando na bolsa em 5 dias busca preparar o novato para sua entrada no mercado de ações, sempre pautando pela simplicidade das análises e focado em ser um guia seguro, prático e explicativo.

No livro, o autor mostra o caminho das pedras a cada dia, demonstrando com imagens reais desde a abertura de conta na corretora e uso do Home Broker, até as operações com ações e opções.

www.ingramcontent.com/pod-product-compliance
Lightning Source LLC
Chambersburg PA
CBHW051537240526

45465CB00027B/605